西湖百象

——美国传教士甘博民国初年拍摄的杭州老照片

沈弘／著

U0784922

山东人民出版社

Acknowledgment

The photographs of Sidney Gamble used in this book are authorized by Duke University Rare Book, Manuscript, and Special Collections Library, Durham, NC, USA. Thanks!

致 谢

本书中的甘博杭州老照片经美国北卡罗来纳州杜克大学善本、手稿和特藏图书馆授权使用，特此感谢。

Introduction

About Sidney Gamble's Photographs and the Project①

Sidney D. Gamble (1890-1968), an avid amateur photographer, began taking pictures in China during his first trip to the country with his family in 1908. He returned three more times between 1917 and 1932 and continued photographing the daily life of Chinese citizens. Sidney Gamble used a few pictures from his extensive collection in his scholarly publications and in slide lectures, but the majority of images were never exhibited during his lifetime.

Discovery of the Photographs

About 15 years after Gamble's death, his daughter, Catherine Curran, found the nitrate negatives in a closet in the family's home in New York. Stored in beautiful rosewood boxes, the negatives were housed in individual paper sleeves, annotated with typed and handwritten captions. In order to better preserve them, Ms. Curran hired an archivist, who transferred the negatives into archival sleeves and transcribed the captions onto typed labels that were affixed to the new

① 下面这段文字引自美国杜克大学图书馆网站<http://library.duke.edu/digitalcollections/gamble/about.html>，它简明扼要地介绍了西德尼·甘博中国老照片的发现、整理和收藏过程。我们在此引用，以作为本书的引言。

sleeves. In addition, Ms. Curran made contact sheets of all the negatives in the order in which they were found. She used these contact prints to create ten photograph albums to serve as a reference for the negative collection.

In 1986, Catherine Curran established the Sidney D. Gamble Foundation for China Studies to provide for preservation and access to the photographs. A review of the first exhibit catalog prompted the Duke University Libraries' Visual Materials Archivist to invite Ms. Curran to place Sidney Gamble's photographs in the Libraries' Archive of Documentary Arts. An agreement to bring the Gamble collection to Duke was signed in March 2006.

The Gamble Collection at Duke University

The Duke Libraries contracted with Chicago Albumen Works in Massachusetts to digitize the highly-flammable nitrate negatives. Digitization of the Gamble collection began in October 2006 and continued through the spring of 2007. In addition to the photographs, the vendor also digitized the typed image labels and used optical character recognition (OCR) to transform the labels into raw text. This text became the foundation for the image captions and geographic headings in the Sidney D. Gamble Photographs digital collection.

In early 2008, Duke Libraries' Digital Collections staff worked to update the geographic names in the labels to Library of Congress Subject Headings format, to add province names to the metadata, and to standardize the descriptions to support searching and browsing. Staff also created an interactive map documenting the places Gamble visited on his journeys, as well as a geographic index and a keyword index in traditional and simplified Chinese characters.

Future plans for the Sidney D. Gamble digital collection include enhancing the site with further Chinese-language translations and digitizing additional materials, such as slides from the 1908 trip, correspondence, and printed items. The Web site will continue to grow and evolve to support research, teaching, and learning.

引　言

关于西德尼·甘博的照片和收藏项目

西德尼·甘博（1890—1968）这位狂热的业余摄影爱好者从18岁首次跟随父亲前往中国访问时就已经开始在中国拍照了。他于1917至1932年间又曾三次回到中国访问，继续拍摄中国人的日常生活。西德尼·甘博从他浩如烟海的照片收藏中选取了一些图像，用作他学术出版物中的插图并用于播放幻灯片的讲座，但是绝大多数照片在他生前都从未公开展示过。

照片的发现

在甘博去世15年之后，他女儿凯瑟琳·柯伦在纽约家里的一个柜子中发现了一大批银盐照相底片。这些底片被放置在单独的纸口袋里，纸口袋上有打字或手写的标题，而这些纸口袋都装在红木盒子里。为了更好地保存这些底片，凯瑟琳·柯伦特地雇佣了一位档案保管员，后者将这些底片转放到了专用档案袋里，并将原来的照片说明标题用打字机重新转录在档案袋的标签上。此外，柯伦夫人还将所有的底片都做成了照片小样，以便于查找。她用这些接触印相照片装满了十个大相册，以此作为检索这一照相底片收藏的参考工具。

1986年，凯瑟琳·柯林创办了西德尼·戴维·甘博中国研究基金会，专门致力于保存和供学者们研究这批照片。杜克大学图书馆的视觉资料档案保管员在看到该基金会所举办的首次老照片展览的目录之后，便邀请柯伦夫人将西德尼·甘博的照片存放在杜克大学图书馆的纪实性艺术品档案收藏之中。关于将甘博中国老照片收藏长期存放在杜克大学的协议是于2006年3月签订的。

杜克大学的甘博中国老照片收藏

杜克大学图书馆跟总部位于马萨诸塞州的芝加哥数码存档公司签订了合同，让后者将馆藏中极易燃的银盐照相底片都进行数字化。甘博中国老照片的数字化从2006年10月开始，一直延续到了2007年的春天。除了照片之外，该公司还将打字的图像标签也数字化了，并且使用视觉文字识别技术将那些标签转化成了原始文本。这种文本便成了西德尼·甘博中国老照片数码收藏中照片说明和地名标题的基础。

2008年初，杜克大学图书馆数字化收藏工作人员按照美国国会图书馆分类类目的格式，将该收藏照片标签中的地名都进行了更新，在原数据中增加了省份的名称，并将照片的描述度进行了标准化处理，以便于搜索和浏览。工作人员还创建了一幅互动式地图，它记录了甘博在中国访问时所到过的地方。另外，他们还分别用汉语的繁体字和简体字作了地名索引和关键词索引。

西德尼·甘博中国老照片数码收藏的未来计划中包括改善网站的运行状况，增加更多中文翻译，以及将甘博1908年中国之行的幻灯片、信件和其他印刷品等补充材料数字化，等等。该网站将不断地得到改进和发展，以支持研究、教学和学习。

目　录

西德尼·甘博

论西德尼·甘博于1917—1919年间拍摄的一组杭州老照片[①]

在1949年以前，曾经有众多的外国人拍摄过杭州和西湖的照片。在这些对杭州情有独钟的外国人当中，有曾经在杭州城里长期居住，把这个拥有西湖美景的“人间天堂”视作自己第二故乡的慕雅德（Arthur Evans Moule）、梅藤更（David Duncun Main）和费佩德（Robert Ferris Fitch）等人；有的则是萍水相逢，来杭州短期工作、考察、访问、旅游、报道和拍摄的外交家、学者、建筑师、记者、旅行家、摄影师和画家，如美国驻杭领事云飞得（Frederick D. Cloud）、北京基督教青年会干事西德尼·甘博（Sidney Gamble）、德国建筑师柏石曼（Ernst Boerschmann）和梅尔彻斯（Bernd Melchers）、美国旅行家盖洛（William Edgar Geil）、弗利尔（Charles L. Freer）、马尔智（Benjamin March）、丹麦建筑师艾术华（Johannes Prip-Moller）、英国摄影师布列松（Robert Bresson）等人。在所有这些曾经给老杭州和西湖拍过照片的专业或业余的西方摄影师当中，西德尼·甘博可能是其中最具特色的一位。本文拟根据他于1917—1919年间在杭州拍摄的一组数量约为两百张的老照片，来讨论甘博根深蒂固的杭州—西湖情结，以及他在表现这个古老城市及其人文景观时所采取的别具一格的独特视角。

① 本文曾发表在《文化艺术研究》第二卷，2009年第2期，第33～40页。收入本书时，文章的内容有所改动。

西德尼·甘博首次随父亲一起访问杭州是在1908年，当时他才刚刚18岁。他的家庭与这个古老的中国城市早就结下了不解之缘，因为他的父亲戴维·甘博（David Gamble），作为宝洁公司的创始人之一，是一位著名的美国实业家和慈善家，跟杭州的美国长老会传教使团保持着密切的关系。戴维带儿子西德尼首次前来杭州访问的那年，正逢美国北长老会创办的教会学校杭州育英书院酝酿在钱塘江边的秦望山山坡上购买地皮，以便建立新校区，让学校升格和扩大办学的规模。当时费佩德也是刚刚从宁波的一个美国北长老会学校调到了杭州的育英书院任教，并被委任以监理新校区建设的重任。戴维·甘博出手不凡，毫不含糊地为育英书院计划中的新校区建设捐赠了盖一座大楼和修建浙江首个大型田径运动场的一笔巨款。1918年，当费佩德去美国为之江学院的校园基础建设进行募捐时，戴维·甘博再次慷慨解囊，又捐出了在之江校区创建一个图书馆大楼及其配套藏书和设备的另一笔巨款。[①]

在首次访问杭州时，西德尼·甘博也与之江大学未来的校长费佩德结下了深厚的友谊。虽然他俩之间存在着年龄的差距，出生于1873年的费佩德比甘博大了整整17岁，但是他俩具有共同的摄影爱好，都是对于用照相机镜头来记录中国人文地理具有强烈兴趣的发烧友。西德尼于1917年6月和另一位名叫安尔吉（J. Hillcoat Arthur）的北长老会传教士发烧友一起与费佩德在上海会合，共同参与了一个历时四个月之久的赴西藏探险和摄影之行。这次极具冒险精神的摄影之旅虽然因为西藏边境因僧侣暴乱被关闭而未能达到去拉萨的初衷，但是他们在沿途各地及川北地区的拍摄活动也留下了三千五百多张内容相当精彩的黑白照片。

由于家族与之江大学之间的渊源，以及自己与费佩德所结下的友谊，甘博数次来华旅居时都经常来往于北京和杭州之间，尤其是1917和1919年这两次在杭州逗留期间，西德尼·甘博几乎走遍了杭州城的大街小巷和西湖的众多景点，拍下了数以百计表现杭州人文景观的照片。在如今收藏在美国杜克大学善本书、手稿和特藏图书馆中的近五千张西德尼·甘博中国老照片中，我们仍然能够看到他于1917—1919年间在杭州所拍摄的一组老照片，总数约有两百张。

① Janet Fitch. *Foreign Devil: Reminiscence of a China Missionary Daughter, 1909-1935*. Taipei: China Materials Center, 1981, p. 135.

之江学院的主楼慎思堂

作为一名在美国普林斯顿大学接受了正规学术训练的社会学家和北京基督教青年会干事，甘博十分关注中国社会中普通老百姓的市井生活，曾经与北京基督教青年会和燕京大学的同事步济时（John Steward Burgess）合作，率先在北京城内开展了各种大型的社会调查，曾先后出版《北京社会调查》（1921）、《1900—1924年北京的物价、工资和生活标准》（1926）、《两户中国家庭的家务账》（1931）和《北京的中国家庭如何生活》（1933）等多部社会学专著。[①]在利用照相机镜头来表现杭州这个古老城市上，甘博也具有自己独特的视角，跟他那位在杭州居住多年的挚友费佩德无论在内容，还是在表现手法上都有所不同。由于他们经常从不同的视角来拍摄同一个事物或场所，所以他俩所拍摄的杭

① Gamble, Sidney D. and John Stewart Burgess. *Peking: A Social Survey*. New York: George H. Doran Company, 1921. Meng, T'ien-p'ei and Sidney D. Gamble. *Prices, Wages, and the Standard of Living in Peking, 1900-1924*. London: Published by his Majesty's Stationary Office, 1926. Gamble, Sidney. *Household Accounts of Two Chinese Families Gamble*. New York: China Institute in America, 1931. Sidney D. *How Chinese Families Live in Peking*. New York: Funk & Eagnalls Company, 1933.

州和西湖老照片正好形成了一个有趣的对比。

就内容而言，甘博所拍摄的1917—1919年间杭州和西湖老照片至少具有以下三个方面的鲜明特征：首先，他表现杭州之江大学和费佩德一家的老照片从当今的角度来看，已是弥足珍贵的历史文物。其次，他对杭州古老建筑、街道、运河、寺院、城门和学校等众多历史地标的兴趣和取景的手法在其照片中都有令人印象深刻的表现。第三，他对于各种中国传统手工业有着特别的兴趣，他的照片忠实地记录了如今可以被称之为非物质文化遗产的许多手工业作坊制作和店铺经营的场景。

之江大学是中国近代史上传承最悠久的新式学校之一。从1845年美国北长老会传教士团在宁波创办崇实义塾开始，到1952年之江大学作为教会大学被强行解散，前后共经历了长达107年曲折复杂的发展过程。1867年，这个教会学校随北长老会差会一起从宁波迁到了杭州的上皮市巷，并改名为育英义塾。后来它又从皮市巷搬迁到了大塔儿巷，并于1897年改名为育英书院。接着，又于1910年，学校从位于城区中心的大塔儿巷搬迁到了钱塘江边秦望山麓的新校园，并改名为大学堂之江文理学院，到1940年，又改名为之江大学。

正在抓镜头拍照的费佩德

长期以来，能反映之江学院早期校园景色和建筑的照片并不是很多，即使有一些，其清晰度也不会很高，而表现之江大学第四任校长费佩德及其家庭成员的老照片就更是凤毛麟角。鉴于甘博跟之江大学和费佩德家庭的特殊关系，在他老照片收藏中出现这方面的照片并不令人惊奇，但是这些照片的数量之多、质量之好，仍令我们不禁眼睛为之一亮。根据统计，甘博所拍摄之江文理学院校园的九张照片均属上乘，都是国内以前所没有见过的；二十余张表现费佩德及其家人的照片也非常罕见，尤其是费佩德拿着相机，正准备抓镜头拍照的那张快照使我们得知费佩德当时是使用什么样的相机，并且是以何种方式拍照的；而从费佩德位于杭州旗下仁和路新居的三楼窗口遥拍西湖和湖滨风景的那三张照片则在现有西湖老照片中更是绝无仅有的摄影佳作。

甘博用照相机镜头来记录城市坐标的方式一般都比较独特。他善于选择那些具有鲜明特征的建筑物，而且由于他拍摄这些地方的时间相对较早，所以当我们如今来审视这些照片时，往往能够见到一些出乎我们想象的东西。即使是在那些现在依然能看到的景物上，也经常可以发现一些与现在已大相径庭的细节。

例如他所拍摄的一座城门的照片，其说明文字是“杭州西城门”，但是它的外观并不像是英国女旅行家毕晓普夫人和美国驻杭州领事云飞得已经拍摄过的钱塘门，后者城楼底层只有三个方形的大窗，而甘博照片中的那个城楼底层却有八个圆拱形小窗；[①]从城门外的地形来看，它也不像是民国初年一本名为《中国名胜》像册[②]中表现的涌金门，因为后者临湖，而且在甘博来杭州之前就应该已被拆毁。幸好在美国弗利尔艺术博物馆创始人1911年来杭州时所拍一张西湖全景照片中留下了杭州西城墙的影像，所以经过比对，它几乎可以肯定是杭州三座西城门中最靠南的清波门。

甘博所拍摄的拱宸桥外观大致上跟现在并无多大区别，其基本结构都已经保存下来了。但假如仔细观察的话，就可以看到1917年的拱宸桥与如今那座桥相比，还是有很多不同的地方，例如：当时的桥上建有很高的扶手栏杆，以保证人们不会失足掉进河里；桥上还建有电线杆或电报线杆；在桥顶甚至还有一个岗亭，由此可知当时那儿还有警察看守；桥两端的建筑都很高，而且距离桥很近。所有这些细节都跟现在重修后的拱宸桥有较大的区别。

---

① Mrs. J. F. Bishop *The Yangtze Valley and Beyond*. London: John Murray, 1899，Frederick D. Cloud. *Hangchow: The "City of Heaven," with a Brief Historical Sketch of Soochow*. Shanghai: Presbyterian Mission Press, 1906.

② 北京大学图书馆收藏有这本像册，但是像册中没有出版单位和年月的信息，从相片的内容来判断，应该是1912---1915年间，因为像册中有袁世凯官邸“海晏堂”的照片。

1919年的“天主圣教修士之墓”

2009年的“卫匡国墓”

甘博对于中外文化交流的那段历史非常感兴趣，所以他在杭州期间曾专门前往留下镇的老东岳大方井，去拜谒和拍摄了那儿金尼阁、卫匡国等人的“天主圣教修士之墓”，从而为这个浙江省重点文物保护单位留下了十分珍贵的历史影像资料。从他拍摄的老照片来判断，这个早期耶稣会士的坟墓之中应该放置有十三位耶稣会士的骨灰瓮，但在“文革”之后重修的“卫匡国墓”中，我们只能够看到十二个骨灰瓮。[①]如果我们能够根据史料对此加以详细的考证，说不定就能够发掘出一段不为人所知的历史故事。不仅如此，现在的陵墓和骨灰瓮的形状跟以前的也都不相同，估计重修这个陵墓的人并未见过相关的老照片。

毋庸置疑，甘博杭州老照片对于杭州市园林和文物部门的工作具有极为重要的参考价值。从他所拍摄的“碧血丹心”牌坊那张老照片来看，当时这座古老的牌坊显然同时具有纪念表彰民族英雄岳飞和作为岳庙山门的功能。然而，杭州市园文局当时在重建这一牌坊时，完全忽略了上述功能，竟然在牌坊与岳庙之间建造了一个花坛，从而挡住了从牌坊处看岳庙的视线，把两者人为地割裂了开来。这样的做法显然是违背中国传统文化思想观念和保护历史文化遗产须“修旧如旧”这一公认原则的。

从牌坊上的修饰图案来看，新修的“碧血丹心”牌坊也未能做到修旧如旧。从牌坊的中段部分来看，原来牌坊上雕刻着“二龙戏珠”、“二凤戏麒麟”，以

① 在重修的天主圣教司铎公墓的前面，仍保留了两块石碑，上面刻有陵墓内所葬的九个半耶稣会士的姓名。他们分别是罗儒望、金尼阁、黎宁石、徐日昇、郭居静、伏若望、阳玛诺、卫匡国、洪度贞，以及一位叫“……玛”的意大利耶稣会士。

1919年的“碧血丹心”牌坊

2009年的“碧血丹心”牌坊

及二龙与三狮抢夺同一颗夜明珠等寓意吉祥的典型中国民间传统图案；而在重修的牌坊上，我们再也看不到内涵如此丰富、形式如此多变的图案，取而代之的是相对比较单调的二龙戏珠和二麒麟戏珠的图案。同样的情形也可见于牌坊顶部的装饰图案。由于缺乏老照片作为客观比较和对照，重修的牌坊只能如鲁迅小说中九斤老太的口头禅那样，“一代不如一代”了。

除了上述对于修复文物的参考价值之外，甘博的杭州老照片对于我们了解民国初年杭州所发生的各种变化和发展也有着珍贵的参考价值。例如费佩德和甘博这两位好朋友对于杭州的一些景点具有共同的爱好。他们曾经在不同的年代拍摄过同一景点的照片，如果我们把这些照片放在一起加以对比，就可以发现这期间那儿所发生的一些变化。例如费佩德曾在《教务杂志》第45卷，1914年的10月号

老牌坊中段的细部

新牌坊中段的细部

1913年的杭州东岳庙阴曹地府血污池

1919年的杭州东岳庙阴曹地府血污池

上发表了题为《对于道教地狱的研究》的文章[1]，详细记述了杭州东岳庙内“阴曹地府”的情况，并且附上了一组摄于1913年的照片，以作为文章的插图。无独有偶，甘博在六年后也来到了同一个地方拍摄了另一组照片。从甘博1919年的照片来看，这座道观的香火依然旺盛，尽管已经发生了一些明显的变化，如：1913年时，黑白无常的头上是没有头发的；1919年的照片里无常的头上加了头发，左边那位无常帽子上原来的字“财见勿来”改成了“你来了”。在这六年期间，这个阎罗殿显然已经得到了修缮。原来“牛头”身上已经破损的盔甲在1919年已经得到了修补。1913年时，阴曹地府里的塑像较少，而且比较破旧，1919年时，增加了不少人物和厉鬼的塑像，而且整个地方都已经变得焕然一新。就连原来的血污池也改变了模样。甘博拍摄的这些老照片为我们研究杭州东岳庙的发展提供了重要的线索。

甘博1917—1919年间杭州老照片中最重要的当数他在杭州最繁华的一条商业老街，即御街（俗称大街）上拍摄的一组表现街景和手工艺老作坊和店铺的照片。这组照片反映出他作为一名社会学家和一向关注民生、民俗的摄影师的独特艺术眼光，因为我们几乎找不到另一位摄影师在清末民初曾经拍摄过同样内容的另一组照片。这也就是为什么杭州市政府在重修中山路这条“宋朝御街”时深感

① Robert Fitch. “A Study of a Taoist Hell.” *Chinese Recorder*. Vol. XLV. October, 1914. No. 10, 603-606, 615.

老照片等图像资料匮乏，以至于2009年9月30日正式开街的这个跟杭州市政府西湖申遗休戚相关的重大工程迄今仍留下了众多遗憾的关键所在。

从甘博所拍摄的上述这组御街老照片来看，清末民初的大街是杭州的商业中心，熙熙攘攘，店铺云集，其街景跟现在重修后的中山路的样子大相径庭。最大的差异就在于当时的街道十分狭窄，由于街道两边店铺的招牌和门面不断地蚕食街道，导致用石板铺就的路面上最狭窄处就连两辆黄包车交会都有点困难。其次，当时的御街是按照“坊”来分段的，例如现在北起庆春路，南至鼓楼的中山中路这一段被划分为弼教坊、里仁坊、寿安坊、积善坊、三元坊、保佑坊、甘泽坊、太平坊、清河坊。每个坊之间都筑有一座砖砌圆拱门的高墙，拱门上方刻有坊名，门下则装有木栅门。每天深夜，木栅门会被关上，更夫则敲着梆子，在坊内来回巡逻，以确保社区的平安。1928年，御街上开修马路，街道随之被拓宽，各坊之间的所有公墙均被拆毁。如今重修的中山路不见了这些颇具特色的公用坊墙，代之以一些不中不西的所谓坊墙，其古色古香自然是大大地打了折扣。

另外，原来御街两旁的店铺和手工艺作坊都具有浓郁的地方特色。一路看过

1919年杭州御街的保佑坊坊墙

去，几乎每一家都有自己的鲜明特色和看家本领，精彩纷呈。这是重修后的假古董店铺所难以比拟的。这也是为何以前在杭居住或来杭旅行的外国人能深深地为御街所吸引的主要原因。美国旅行家盖洛在其于1911年出版的《中国十八省府》一书中用了大段煽情的文字来描写他于1909年访问杭州时，在费佩德的亲自陪同下逛御街的难忘情景。[①]在杭州出生并长大的杭州基督教青年会创始人鲍乃德（Eugene Epperson Barnett）的幼女鲍金美（Eugenia Barnett Schultheis）在其晚年所写的回忆录中也用了几乎整个章节的篇幅来回忆她小时候坐着黄包车从御街上经过时的感受。[②]小时候在杭州御街的所见所闻使这位美国传教士的后代刻骨铭心，终生难以忘怀。相信现代读者在看完了甘博的这组老照片之后，也会感受到一种由杭州御街所代表的中国传统文化习俗给人们心灵所带来的震撼。

归根结底，甘博摄影的主要兴趣还是在于记录和表现人，无论男女老幼，苦力、乞丐、教师、学生、船民、和尚、道士、香客，或是在社会各阶层中从事不同职业的人们。当他在拍摄杭州街头一位身着道士装束、白眉白须、颇有仙风道骨的算命先生时，甘博显然为其超凡脱俗的气质所吸引。于是他便从不同的角度和距离给这同一位老人拍摄了多幅照片，甚至包括一幅近景的特写镜头。应该承认，甘博这位美国的业余摄影师在拍摄这个人物形象时相当准确地把握住了传统中国文化和杭州地方特色的精髓，照片中的人物脸部看上去饱受风霜，但其表情却表现出了一种超然物外、与世无争、遗世独立和天人合一的生活理念。

上述甘博于1917—1919年间拍摄的所有这些杭州和西湖老照片加在一起，构成了一幅绚丽多彩、层次分明的全景图，充分而真实地展现了人间天堂的西湖美景，以及杭州这座古老城市及其当地居民在民国初年时的精神面貌，因此这些照片对于现今杭州人保留自身历史记忆，具有极其深远而重大的意义。

笔者对于甘博中国老照片的关注可以追溯到十几年之前。当时因应邀为北京大学图书馆整理西文善本书，接触到了甘博发表在《北京社会调查》（1921）等早期著作中的老照片，立刻就为这些真实记录中国社会现实的老照片所深深

---

① William Edgar Geil. *Eighteen Capitals of China*. London: Constable & Co., 1911, pp. 37-46.

② Eugene Barnett Schultheis. *Hangchow, My Home---Groing up in "Heaven Below.* Fort Bragg, California: Lost Coast Press, 2000, pp. 98-124.

吸引。后来在国外访学时，又看到了论述甘博在中国的经历和他所拍摄的中国老照片的一些专著，发现甘博曾经拍摄过杭州和西湖的老照片，于是便更加注意收集甘博所拍摄的中国老照片。

杭州的一位算命先生

笔者的一位美国朋友和合作者马戈·斯蒂弗（Margo Stever）正好跟甘博的后人间接地有一点私交，在她的牵线搭桥下，我从2008年年初起，通过电子邮件跟甘博的外孙彼得·柯伦（Peter Curran）通过几次信，一方面是为了解甘博在中国经历的一些细节，另一方面也想从他那儿得到在学术研究中使用这些照片的授权。柯伦先生非常支持浙江大学沈弘工作室的甘博老照片研究工作，但是他告诉我，他母亲凯瑟琳（Catherine Gamble Curran）在2007年去世之前，已经将甘博中国老照片收藏及其版权捐赠给了美国杜克大学的善本书、手稿和特藏图书馆，而他本人对于这些老照片了解甚少，所以建议我跟一位写过甘博传记和博士论文的作者联系。

当时笔者正准备向在浙大召开的2008年杭州海外汉学与中外文化交流国际研讨会提交一篇关于甘博杭州老照片研究的论文，于是便给杜克大学的善本书、手稿和特藏图书馆发了一封信，请求对方同意我使用甘博的一组杭州老照片，将其做成课件，并结合我的论文，在那次国际研讨会上进行演示。该图书馆的研究部主任琳达·麦柯迪（Linda McCurdy）博士给我回信，慷慨地同意了我的要求。后来我将会议期间甘博杭州老照片演示十分成功的消息告诉她之后，她也感到满意。

随着该课题研究工作的深入，浙江大学沈弘工作室与杭州唐云艺术馆合作筹划，准备在2009年5月举办一场甘博杭州和西湖老照片的展览。当笔者再次写信给杜克大学善本书、手稿和特藏图书馆，请求对方授权让我们使用甘博的大约70张杭州和西湖老照片时，琳达·麦柯迪博士再次欣然同意了我们的要求，条件是我们在展览中必须标明这些照片是经过杜克大学善本书、手稿和特藏图书馆授权，而且展览完毕之后，要向他们提供关于这五十张照片的英文说明。此次在西湖边举行的甘博老照片展览在杭州城里引起了一个不大不小的轰动，许多杭州市民奔走相告，成群结队地前来唐云艺术馆参观，当地的媒体也进行了全方位的报道。

事后，笔者在向杜克大学善本书、手稿和特藏图书馆寄送展览照片和英文介绍，以及媒体对于这次展览所进行的报道时，顺便向对方提出了第三个要求，即许多观众在展览过程中留言，希望能够将甘博的杭州和西湖老照片结集出版，浙江大学沈弘工作室也想继续深入这一课题的研究，将甘博所拍摄的近两百张照片的内容介绍全都整理出来，以书的形式正式出版。琳达·麦柯迪在回信中说，像这样的学术研究和良好的社会效应正是杜克大学善本书、手稿和特藏图书馆所愿意看到的。她鼓励我们继续深入研究，将这些照片的说明都整理出来，以便能够发挥它们更大的社会效应。

在本书正式出版之际，谨向甘博家族的后代和美国杜克大学善本书、手稿和特藏图书馆致以崇高的敬意。

甘博家族与杭州之江大学的深厚渊源

浙江大学之江校区是原杭州著名教会大学之江大学的旧址。那儿较好地保存了具有近百年历史的之江大学建筑群。这个少见的中西合璧校园历史建筑群虽然已经成为杭州五个国家级文物保护单位之一，但是我们对于这些建筑的历史仍然所知甚少，这主要是因为新中国成立初期，之江大学的档案资料被视为敌伪档案而遭遇了不必要的损失。但是从对近年来逐渐浮出水面的一些西文资料（尤其是费佩德和甘博的老照片收藏）的整理和研究中，我们已经可以逐渐梳理出一些相关的线索。

西德尼·甘博是美国普林斯顿大学的社会学教授，1918—1920年间曾在北京担任基督教青年会的干事和燕京大学的社会学教授。他之所以多次来到杭州，并且拍摄了有关杭州城市、运河和西湖的大量老照片，无非是由于以下这两个原因：一是他父亲戴维·甘博对于之江大学这所杭州教会大学的慷慨捐赠；二是他与之江大学第四任校长费佩德的深厚友谊。

戴维·甘博是美国宝洁公司的创始人，同时又是一位虔诚的基督徒，他热衷于慈善事业，给北京的燕京大学和杭州的之江大学等教会大学分别捐赠了大量的善款。1908年，戴维·甘博带着18岁的儿子西德尼首次前来杭州访问时，正逢美国北长老会办的教会学校育英书院酝酿在钱塘江边的秦望山山坡上购买地皮，以便建立新校区，使学校升格和扩大办学的规模。当时费佩德也是刚刚从宁波的一个美国北长老会学校调到了杭州的育英书院，并被委任以监理新校区建设的重任。戴维·甘博出手不凡，毫不含糊地为育英书院计划中的新校区建设捐赠了盖

"甘卜堂"的大门上方原来刻有甘博家族的英文名字

浙江大学之江校区的"东斋"就是当年之江大学的"甘卜堂"

一座大楼和修建浙江首个大型田径运动场的一笔巨款。

从上面这两张照片的比较来看，我们得知戴维·甘博当年捐赠的大楼目前外表上依然保存完好，只是门口台阶上的水泥已经有点剥落，需要修缮。另外，原来大门上方铭刻的“Gamble Hall”（甘卜堂）等字样现已用水泥抹平。这一点并不奇怪，因为教会大学曾被视作是帝国主义进行文化侵略的工具，而这些作为教会大学蛛丝马迹的外国文字被抹去则是顺理成章的。但是这样做的后果之一就是，时间一久，浙大师生对于这些老房子的来历也就说不清楚了。

戴维·甘博给之江文理学院捐赠的田径运动场是浙江省最早的一个现代运动场

戴维·甘博于1908年捐赠的田径运动场实际上也是值得大书特书的，因为它是中国最早按照美国大学校园和奥林匹克标准建造起来的现代运动场之一。2008年北京奥运会召开之前，国内学术界曾经对于中国百年奥运的动议起源有过一个激烈的争论，浙江大学本身也曾举办了一个规模很大的展览。但是当时谁也没有想到过原之江文理学院这个浙江最早的田径运动场和老甘博的慷慨

从南往北看原之江文理学院的田径运动场

之江校区现在的操场（吴晓镭摄）

捐赠。

通过比对上面三张照片，可见前两张照片所反映的田径运动场旧址如今虽然还存在，但已经过了改造，样子和功能跟原来已经很不一样；而且由于周围种了很多的树，所以现在从山坡上已经难以看清它的全貌，只能透过繁茂的树枝缝隙，勉强窥见它的一角。只有站在地面上，我们才能看清它现在的模样：昔日的田径运动场已经铺上了“水门汀”，并且被分割成了两半：南面是篮球场，北面是网球场。

当然，甘博家族对于之江大学的捐赠并不仅仅限于“东斋”和“田径运动场”，我们从西文资料中获知，20世纪20年代初建成的之江大学图书馆大楼，其主要的资金原来也是由老甘博捐赠的。

费佩德的女儿珍妮特在其回忆录《洋鬼子》（1981年）中记述了有关戴维·甘博向之江大学捐赠这座图书馆大楼的有趣逸事：

1918年，当费佩德第二次前往美国为之江大学募捐时，他专门去了西德尼·甘博的老家，并且用他自己拍摄的中国老照片在帕萨迪纳的北长老会教堂作了一次介绍中国和杭州之江大学的讲座。当天晚上，戴维·甘博给他一张支票，用以给之江大学建造新的图书馆大楼。于是全家人都兴奋地聚集在费佩德夫妇的卧室里庆祝这次成功的募捐。然而他们很快就发现了一个问题：因为在这之前，费佩德的另外一位老朋友，即在上海拥有一家大型轮船公司的罗伯特·多拉尔先生（Robert Dollar）已经答应给他一张支票，以购买之江大学图书馆所需要的任何书籍。现在老甘博捐赠了建图书馆大楼的钱之后，给这个图书馆起名字就成了一个难题：无论是叫做“Gamble—Dollar Hall”，或是叫做“Dollar—Gamble Hall”，都会造成歧义和引起人们的误会。别人看到这样的名称，会误以为之江大学的人喜欢赌博，在之江大学的校园里开办了一个赌博场所。

费佩德一宿没睡，在房间里不停地踱步，绞尽脑汁地想要解决这个问题。第二天早晨，他以十分谦卑的心情，带着这个问题又去见戴维·甘博。后者是一个富有幽默感的人，他笑了一下之后，便慷慨地给了费佩德另外一张支票，这笔新捐赠的钱足够建造图书馆大楼和购买所有它所需要的图书。这样一来，之江大学就可以改用多拉尔先生支票上的钱去建造一座小教堂或是购买一架管风琴。费佩德所苦恼的问题终于得到了完满的解决。[①]

笔者怀着崇敬的心情，久久地凝视着由戴维·甘博于1918年所捐赠的这座气势雄伟的图书馆大楼。它建造在秦望山的半山腰上，大门前面有一个很高的石头台阶，人们必须走上这高高的台阶，才能够进入这座神圣的知识殿堂。近九十年来，这座知识圣殿一直在始终不渝地执行着它为大学师生们提供科学文化知识来源的图书馆功能。在笔者的眼里，它就像是一本翻开了的大书，在默默地向我们讲述一个有关美国甘博家族与杭州之江大学（或浙江大学之江校区）之间深厚渊源的精彩故事。

浙江大学之江校区的图书馆就是由戴维·甘博当年捐赠的

① Fitch, Janet. *Foreign Devil: Reminiscences of a China Missionary Daughter, 1909-1935*. Taipei: China Materials Center, 1981, p.135.

西德尼·甘博杭州西湖老照片

（1917—1919）

001 从城隍山上鸟瞰杭州城

民国初年杭州整个城市的面貌如何，过去大家的心里其实都没有底。因为能够反映当时杭州城全貌的老照片十分罕见。一般的老照片只能反映城市某一个很小的局部，偶尔见到一些大幅和长卷形的照片，也大多是表现西湖的。所以甘博于1919年拍摄的一组鸟瞰杭州城市的老照片堪称慧眼独具。从这些老照片上看，当时杭州城里的房屋建筑风格相对比较统一，均是白墙黑瓦的院落宅第。偶尔有一些西式的建筑，也没有破坏城市的整体建筑风格。这第一张照片是在城隍山上从南往北拍摄的，图中的建筑大多是大街清河坊一带的房屋。

002 从费佩德家三楼眺望湖滨和葛岭之一

从甘博的照片来看，1919年的杭州西湖湖滨已经建起了一些西式洋房，但是它们并没有破坏城市的整体建筑风格。相对而言，它们还是能够跟周边的中式建筑和谐相处，在树木的映衬下，跟西湖风景融为一体。但是如今这种和谐已经被打破，湖滨有一些新建的高楼不仅跟周边的环境极不协调，而且其本身设计的美观程度也很成问题。

003 从费佩德家三楼眺望湖滨和葛岭之二

甘博1919年访问杭州时，费佩德在杭州旗下仁和路11号的新居刚刚落成。这是一座三层的中西合璧式洋楼，从三楼朝西的窗户望出去，西湖风景一览无余。因为当时的湖滨并没有高房子，费佩德的三层楼就已经算是鹤立鸡群了。甘博在这个位置上拍摄了两张眺望西湖的照片，显然是用了望远镜头，因此把湖滨的那些房子距离拉得很近，可以看得比较清楚。这张照片跟下面那张的角度略有不同，如果用计算机图像处理技术将它们拼接起来的话，倒是可以组成一幅广角的湖滨写真图。

004 从费佩德家三楼眺望湖滨和葛岭之三

这是从杭州仁和路11号费佩德的寓所三楼朝西窗口拍摄的湖滨和西湖。在照片的下方可以看到费佩德寓所砖砌的坚固围墙，与附近一道用土夯成的土墙形成了一个鲜明的对比。在湖滨目力所及的范围内有好几个大房子显然是旅馆，其中位于平海路上的一个屋顶有露台的西式洋房还挂着“清华旅馆”的招牌。湖滨一个白墙的大房子屋顶还飘扬着三色国旗。

005　杭州城隍山上的一组老房子

这是甘博于1917年在杭州吴山（俗称城隍山）上拍摄的一个建筑群落。跟杭州城里的房子建筑风格相同，吴山上的房屋也都是白墙黑瓦的江南传统建筑，它们错落有致，顺着山坡的地形而建，在树木的映衬下，与周围的景观相当协调。如今因为吴山上的树木过于茂盛，已经很难拍摄到这样的建筑群落。

006 吴山顶上的一个主日学校

所谓主日学校，就是基督教会在星期天为信奉基督教的家庭的儿童们和其他平时上不起学的贫苦儿童所组织的非正规学校。照片反映的就是杭州某教会组织的一个主日学校的老师在吴山顶的一块空地上带领一群男童正在上体育课。图中三十名男孩围成一个圈子，正在学习做操的动作。一名男老师站在圈子的中央，显然是在向大家解释动作的要领，另一位男老师跟学生们站在一起，正在认真地做示范动作。他们俩都很年轻，身穿长衫，其装束像是之江文理学院的大学生。学生身后的白墙上有一个阴阳八卦的图案，暗示这块空地可能是一个被拆除道观的旧址。房子的后面隐约可见山下成片白墙黑瓦的民房。

007 吴山顶上主日学校的教师和孩子们

这张照片向我们展示了吴山顶上主日学校另一个班级的教师和学生们。这个班共有二十六个学生，男女混杂，年龄显然要比前面那个班的学生要小许多。老师的年龄在三十多岁，看上去像是一名虔诚的基督徒。这张照片真实反映了民国初年杭州下层儿童们的装束打扮和精神面貌。少年智则中国强，在这些求学欲望强烈的儿童身上寄托着新中国的希望。

008 吴山顶上主日学校的三位小男孩

甘博选择为这三位小男孩单独拍一张照片，一定是觉得他们特别可爱，并具有鲜明的个性特点。他们的衣着各异：左面那个小男孩穿着白色的长棉袍；中间那个男孩在深色棉长袍外面加了一件挽袖马褂，上面还缝了五颗闪亮的新式纽扣；右面那个男孩则是典型的长袍坎肩，头戴瓜皮帽。他们的手上都提着一个铜火熜，这是一种颇有地方特色的杭州地区早年取暖用具。左面那两位男孩穿着老式的棉鞋，右面那位穿着厚袜子和布鞋。三个男孩的表情和个性也都不相同：左面那位显得有点懦弱，中间那位表情坚毅而沉着，右面那位则是天真活泼。这是对近百年前杭州儿童的一个真实写照。

009 吴山顶上包府的虎头铡

杭州吴山顶上有一个比较集中的寺庙群。除了供奉城隍爷的城隍庙之外，周围还有一些纪念其他名人的祠堂和寺庙。上面这张照片中间那个灯笼上写有“包府”二字，神龛右面的对联中也有“铁面无私”等字样，说明这个地方就是专门纪念包公的包公祠。院子里放着包公用以审铡美案的虎头铡。右面有一位留山羊胡子的老人悠闲地坐在条凳上，他显然就是包府的看门人。

010 吴山顶上包府的看门人

包府的看门人是一位气质颇具吸引力的杭州老人。照片中的他坐在条凳上，正准备点燃自己的烟杆。这位老人身穿灰色的长袍、棉袄，头上戴着瓜皮帽，腿上用一块黑布条绑紧裤腿，脚上穿着中式的布棉鞋，瘦削的脸上留着山羊胡子，举止优雅而大方。

011 吴山东岳庙里的阴曹地府

位于杭州吴山顶上的新东岳庙颇负盛名。1913年，原之江大学校长费佩德就曾来这儿拍过一组照片。无独有偶，四年之后费佩德的朋友甘博在访问杭州时也拍下了一组东岳庙的照片。有趣的是，假如我们把这两组照片加以对比的话，就可以发现东岳庙在这四年中所发生的变化。在1913年的照片中，阴曹地府里的判官和小鬼的模样显得较为陈旧，而上面这幅照片里，那儿的塑像已经焕然一新，而且小鬼的数目也增加了不少。这说明东岳庙的经营者在这几年中收益不错。

012 吴山东岳庙里的牛头马面

在这四年当中，东岳庙的鬼门关也已经得到了修缮。例如原来牛头身上已经破损的盔甲在1917年时得到了修补。原来马面身上的盔甲比较陈旧，1917年时，这两个塑像盔甲上的图案都得以重新描绘，焕然一新。

013 吴山东岳庙里的黑白无常

1913年费佩德拍照的时候，鬼门关前黑白无常的头上是没有头发的；左边那位黑无常帽子上原来有“财见勿来”的字样，右面白无常的高帽子上则写着“一见生财”。到了1917年，黑白无常还是原来的模样，但是它们的头上都加了头发，而且左边那位黑无常帽子上的文字改成了“你来了”，但是右边白无常高帽子上的文字依然是“一见生财”。

014　吴山东岳庙里的血污池

按照中国民间宗教信仰的说法，所有因难产而死的妇女都会下地狱，在那儿的血污池里受尽煎熬。在费佩德的照片中，东岳庙血污池的容积很小，它的前面有一个真人大小的地母娘娘塑像，塑像前还有一个插蜡烛的木架子，血污池旁边有两个小鬼在等待着他们的牺牲者。在甘博的照片中，血污池的容积得以增大，池子里还坐着三位遭受血光之灾的妇女。池子旁边有一个很小的神龛，里面供奉着地母娘娘，比原来的塑像小了很多，前面的蜡烛架也变成了一个香灰炉。

015 吴山东岳庙里的阎罗殿

东岳庙阴曹地府的正殿是阎罗殿，其神龛上供奉的是分别代表五岳的五位阎罗王，它们是道教地狱中的最高统治者。神龛上方的横匾书有“位尊五岳”四个大字。在中国的传统观念里，东岳泰山、西岳华山、南岳衡山、北岳恒山和中岳嵩山这五大名山代表着天下的概念，这意味着堕入阴曹地府的鬼魂，无论到哪儿，也逃脱不了这五位阎罗王的管制。而在这五位阎罗王中，东岳大帝是老大，所以阎罗殿又称东岳庙。

016 吴山东岳庙里超度冤魂的铜钟

被打入地狱的冤魂，只要其亲友肯交钱给道士，便可以得到超度。例如对于堕入血污池的妇女，道士必须割下她的一缕头发，或是身上穿戴的某些东西，如鞋子。这些东西会被系上面照片所示的这口大钟里面，当人们交了钱，念了祈祷词和烧完香之后，就会敲钟，以便让那位死去妇女的冤魂能从血污池里逃脱出来。

017 吴山东岳庙里的各路神仙

在中国的民间宗教信仰说法中，除了阴曹地府的阎罗王之外，还有其他许多主管土地的各路神仙，如后土国君或土地正神、土地夫人、土府神君、当境土地、五方五土、五方飞土神君，等等。它们各司其职，管理着各种地界。

018 杭州城里一位母亲乞丐及其婴儿

中国的传统文人学者很少会去关注下层社会中人民的生活状况。但甘博作为一位在名校普林斯顿大学受过严格训练的社会学家，却以关注中国下层社会的生活状况为己任。他在访问中国各地时，经常把照相机的镜头对准苦力、拾荒者和乞丐。1918年他在北京担任青年会干事和燕京大学社会学教授期间，还曾进行过下层人民生活状况的社会调查，并著有多部专著。在这张照片中，一位小脚的女乞丐衣衫褴褛，右手拄着拐杖，左手拿着讨饭的葫芦瓢，靠着墙，在艰难地行走。她的怀里躺着一个婴儿。尽管一贫如洗，但她仍是一名伟大的母亲。

019 运往松木场的木材和毛竹

民国初年的杭州城与现在的一个重大区别就是除了延龄路等个别新建的街道之外，大多数的城市街道都很狭窄，但是城里水道纵横，运河水系相对比较发达，因此当时市内运河是一个重要的运输途径。从这张照片的场景中我们可以了解到，当时的水路运输是多么的热闹和拥挤。这张照片拍摄于杭州松木场附近，照片中那么多的木材和毛竹都是运往松木场去的，因为那儿是杭州一个主要的木材交易市场。

020 杭州城内运河上的竹排

甘博的这张照片颇具视觉冲击力。在杭州城内本来就不太宽阔的运河里，一捆捆的毛竹整齐地堆积在一起，形成了一个规模浩大的竹排。这些毛竹都是用竹篾绳来捆扎的，捆扎的部位是在毛竹的顶端，这些毛竹被捆扎得如此之紧，以至于一捆捆毛竹的顶部都被挤压扁了。由于堆放得十分整齐，那些笔直的毛竹和蝴蝶翅膀般的竹篾绳结组成了一幅漂亮的图案。

021 京杭大运河上的拱宸桥

这张照片中的桥估计大家都还能够辨认出来，它就是鼎鼎大名的拱宸桥。它的外观大致上并未改变，其基本结构现在都已经保存下来了。但假如仔细观察的话，就可以看到1917年的拱宸桥跟现在还有很多不同的地方，例如：当时的桥上建有很高的扶手栏杆，以保证人们不会失足掉进河里；桥上还建有电线杆或电报线杆；在桥顶甚至还有一个岗亭，由此可见当时那儿还有警察看守。桥两端的建筑都很高，而且距离桥很近。所有这些细节都跟现在重修后的拱宸桥有较大的区别。

022　杭州东河上的万安桥

民国初年杭州城里纵横交错的水道有不少，但主要的两条运河分别是中河和东河。由于位于城内，这两条运河上都有很多的桥。这张照片所表现的是东河上的万安桥。这是一座典型的江南石拱桥，桥上建有石栏杆。从桥洞下望过去，还能够看见不远处的另一座石拱桥，那就是淳佑桥，即现在的解放桥。笔者出生的大塔儿巷离这儿不算太远，小时候经常要走过这座万安桥，所以老照片中的场景能勾起许多儿时的回忆。

023 杭州城内运河的另一座石拱桥

马可波罗在其游记中曾经宣称，在杭州城里的运河上共有12,000座石拱桥，这显然是一种夸张的说法，但是旧时杭州城里水系纵横和桥梁密布却是一个不争的事实。即使是在民国初年，城里的运河和石拱桥数量也要比现在多许多。照片中的这座桥便是当时众多石拱桥之一。虽然其所在位置和桥名现在难以考证，但从桥左端的民房、石栏杆上晾着的被子和桥上的电线杆来判断，它应该是城内运河上的一座桥。桥身坚固而美观，在桥洞的两边各有一根条石，上面刻有一副对联。石桥的南北两面各有一组石阶梯导向运河的水边，以供妇女到运河里洗衣、洗菜和淘米时行走。

024　杭州东河坝子桥附近的翻坝

沿着杭州城内的东河往北，到快接近艮山门水门的地方有一座桥称作坝子桥。顾名思义，在坝子桥的附近有一个运河上的翻坝。这是因为杭州城北的京杭大运河与杭州城内的东河和中河有一个水位的落差。船若想要从京杭大运河进入杭州城内的运河，就必须要经过这个翻坝。翻坝处河道非常狭窄，只能供一条船通过；而且翻坝的两边都有木制的绞盘装置，即需要用人工通过绞盘把船从水位较低的京杭大运河河道拉上来，然后才能够进入东河。

025 杭州人用绞盘把船拉上翻坝

这张照片以非常直观的方式向我们展示了民国初年人们是如何通过翻坝两边的木制绞盘将船从京杭大运河的河道拉上来的情景。这个镜头非常难得。因为此前尽管在英国传教士慕雅德的回忆录中有反映19世纪末杭州人用牛把船从翻坝拉上来的照片，但是迄今为止，除了费佩德的一张老照片之外，笔者还没有看到过其他表现杭州人用绞盘把船拉上翻坝的老照片。

026 货船沿着翻坝的斜坡滑入东河的河道

这张照片反映的是一艘满载货物的运输船在被人们用绞盘拉上翻坝之后，又沿着翻坝的斜坡徐徐滑入东河的情景。它与前面那两张照片同为一组，完整地展现了民国初年的杭州人是如何用人工绞盘和翻坝来沟通京杭大运河与杭州城内运河之间交通的全过程。有趣的是，费佩德于1914年也拍摄过杭州坝子桥处翻坝的情景。将慕雅德书中的照片与费佩德和甘博的照片放在一起进行比较，就可以看出杭州运河翻坝的不断进化和发展。

027 杭州的凤山水门

清末时杭州城有一道城墙将其团团围住，城墙上共有十个城门，它们分别是凤山门、武林门、艮山门、清泰门、望江门、候潮门、清波门、涌金门、钱塘门和庆春门。其中凤山门、武林门、艮山门、候潮门和涌金门等五个城门的边上都附有水门。如今杭州的城墙和城门几乎已经全部消失，只有凤山水门还得以比较完整地保存下来。这张照片所展示的正是1919年时的杭州凤山水门。

028 杭州运河船民的一个小男孩

清末民初，在中国南方水系发达的地区生活着大量的船民，杭州也不例外。在京杭大运河的杭州段有不少船民世世代代都以船为家，靠打鱼或水上运输为生。照片中的这个小男孩就是这样一个船家的后代，他脖子上套有银项圈，衣服都脱下来，搁在右胳膊上，身上只穿着一个肚兜，赤着脚，手里还拿着一个用铁丝编成的筛子，显然是在运河边上捞东西。他的眼神友善而安详，并没有因拍照者甘博是洋人而感到丝毫惊慌。

029 杭州运河上的一条客船

有不少船民的职业就是在运河上运送客人，这样的船被称作住家船，客人可以在船舱里坐下来喝茶和聊天，累了也可以躺下来休息。照片中的这条船有一个特殊之处是，在船尾有四个人同时在摇四条橹，这几乎可以肯定是在运送长途的旅客。当时从苏州到杭州的游客几乎都是坐船从运河上走的。

030 杭州运河上的绍兴乌篷船之一

这张照片中的船跟前面那张照片中的船有所不同。船夫不是靠摇橹，而是靠蹬桨来驱动船只。这种船是典型的绍兴乌篷船。由于杭州与绍兴之间有杭甬运河连接，所以乌篷船在杭州很常见。照片中的运河风景如画，水面平静如镜，船身修长的乌篷船在水面上轻轻地滑动，充满了诗情画意。

031 杭州运河上的绍兴乌篷船之二

这是另一条乌篷船行驶在杭州城北拱宸区一带的京杭大运河上。这儿我们可以清楚地看到船夫脚蹬的那根船桨。蹬桨具有很高的技术含量，即不但要使船前进，而且还要兼顾前行的方向。船夫的双腿要求十分灵敏，对于船桨需操纵自如。船夫的手中还拿着一根短桨，那主要是用来当舵使用，以调节前行方向的。

032　杭州运河上的绍兴乌篷船之三

乌篷船的船夫一边用脚蹬桨，一边用手划桨，这就要求船夫的手脚要有很好的协调能力。在这张照片中，我们可以更加清楚地看到乌篷船的船夫是如何手脚并用地来驱动船前行的。另外，大运河边上的民居式样在这张照片中也一览无余地展现了出来。

033 杭州运河上的一条农船

纵横交错的运河水系也为沿岸农民提供了运输的便利，如运肥料、运粮食和运蔬菜等。上面这张照片中的一对农民夫妇正在用小船运送从河道和池塘里捞上来的用于沤肥的水草。前面那位丈夫撑篙，后面那位妻子摇橹，夫唱妇随，配合得很协调。

034 杭州运河上的一位船民

运河上的船民装束打扮比较特殊，因经常跟水打交道，所以天气热的时候经常打赤膊，身上的皮肤总是晒得黝黑。照片中的这位船民也是光着上身，皮肤晒得很黑。他的发型比较特殊，长头发在脑后束成一团，有一根束发的绳子从两边挂下来。他的耳朵上还挂有一个耳环。

035 杭州运河上船民的一对女儿

船民的孩子们跟父母一样，身上也穿得很少，在夏天的时候往往是一丝不挂。照片中的这两个儿童是一对姐妹，她们牵着手站在住家船的一块木踏板上。后面那位小姑娘右手还拿着食物，嘴里也正在咀嚼。这是杭州地区船民生活的一个真实写照。

036 杭州运河人家的一个养鸭场

除了船民之外，杭州城里的运河人家生活也富有特色，并且总是跟运河紧密地联系在一起。例如，妇女们在运河里洗衣服、淘米和洗菜，孩子们在运河里洗澡和抓鱼。照片中的这户人家还充分利用了住在运河边的“地利”，在住家门前的运河岸上圈了一个养鸭场。鸭子可以随时赶到运河里去捉鱼虾吃，省去了养鸭人的很多麻烦。

037 杭州的一家鸟店

现在的杭州人以养狗和养猫等宠物为时髦，可是在清末民初，杭州人就跟中国其他城市的居民一样，是以养鸟为风雅的。照片中这个民国初年的杭州鸟店很有特色，虽然店里挂满了鸟笼，但是它并非一个纯粹的鸟店。在店铺的门口放有一张茶桌，来鸟店的主顾和常客可以悠闲地坐下来一边品茶，一边谈论鸟的交易。店里的柜台上有铁丝窗，显然有鸟笼的功能。但是在柜子外面贴着香烟的广告，显然在台面上还有香烟出售。所有这些尽显杭州休闲之城的特色。

038　杭州的一家劈柴店

民国初年的杭州人主要使用灶头和火炉来烧饭做菜，其燃料主要是木柴，所以在城里有劈柴店的存在。从这张照片中我们可以看到当时杭州一家劈柴店中伙计们劈柴的真实情景。他们以树桩为木墩，将粗大的木头用柴刀劈成长短相等的小木柴，然后用竹篾将其捆绑出售。从烧柴到烧煤球、煤饼，再到用煤气罐和管道煤气，我们可以看到，杭州人的生活品质在过去的一百年中不断地得以提升。

039 杭州路边卖荸荠的小贩

90后的杭州年轻人可能认不出来这张老照片中的小贩在卖什么水果。但是上了年纪的老杭州们对此应该十分熟悉。它不是别的，正是江南水乡的一种特产，名叫荸荠。它有各种吃法，可以生吃，也可以煮熟了吃。由于荸荠里常常附有寄生虫，所以我们小时候都是要煮熟后才吃的。照片中的这位小贩向我们展示了另一种独特的吃法，即将荸荠削皮之后用细棍串起来吃，就像北京人吃糖葫芦那样。

040　杭州的一位算命先生

算命在中国是一个古老的行业，在民国初年的杭州，算命先生可谓是随处可见。美国旅行家盖洛在《中国十八省府》一书中曾经生动地描述了他在凤山门瓮城内的一位算命先生那儿看相算命的经历。照片中的这位算命先生身着道士装束，白眉白须，颇有仙风道骨、超凡脱俗的气质。想必甘博很为这位杭州老人的形象所吸引，因为他拍了这位老人好几张照片，还包括近镜头的特写照片。

041 算命先生的肖像照片

这张算命先生的肖像照片堪称甘博人物照片的代表作。这位老人的形象颇具杭州“东南佛国”的地方文化特征。他年已古稀，白发、白眉、白须，具有寿星的面相；头戴风帽，身穿白长袍，手持一根古树根做成的拐杖，俨然是杭州千年文化底蕴和淳朴民风的一位世纪见证人。

042 算命先生的特写镜头

应该承认，甘博这位美国的业余摄影师在拍摄这个人物形象时相当准确地把握住了传统中国文化和杭州地方特色的精髓。照片中的人物脸部看上去饱受风霜，但其表情却表现出了一种超然物外、与世无争、遗世独立和天人合一的生活理念。

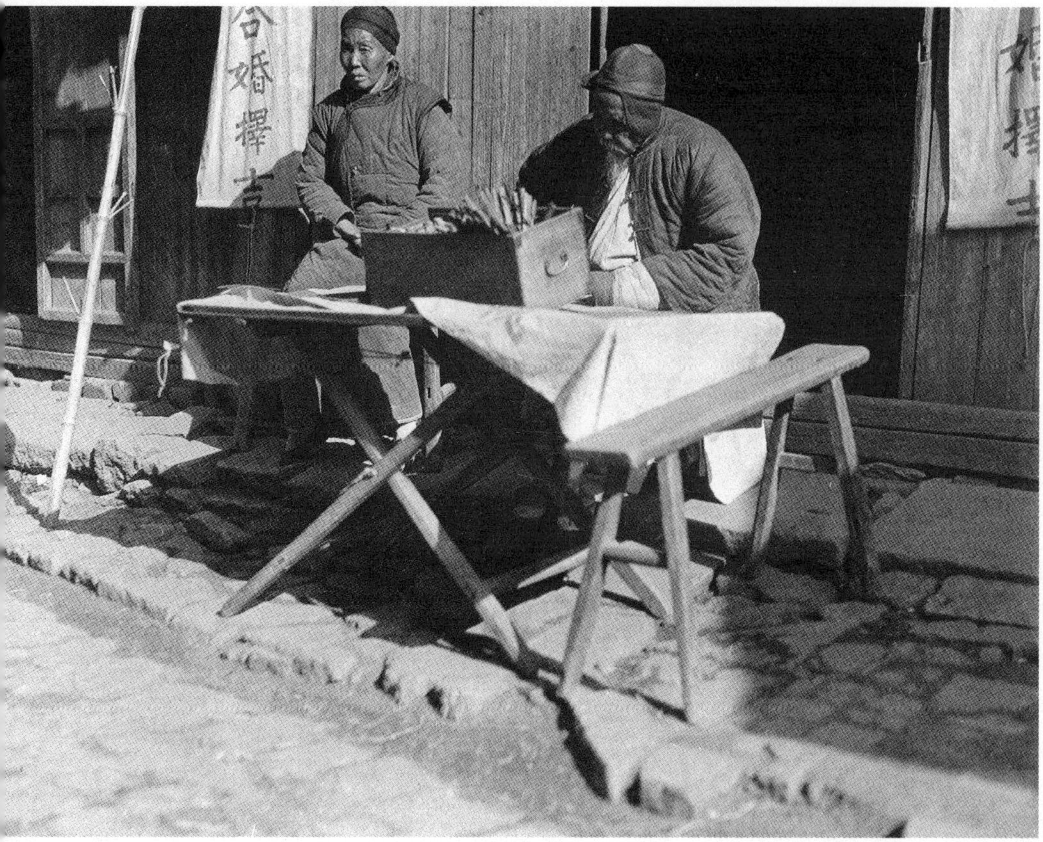

043 杭州城里的一位算命先生

民国初年的杭州城里，算命先生们已经趋于专业化了。例如我们前面已经见过的那位老年算命先生在店铺门口挂出的招牌是“课命”，也就是以占卦的方式来预测顾客的命运。这张照片中的另一位算命老人则挂出了合婚择吉的招牌。显然，他的专长是测算待婚新人的生辰八字，以及选择适合于结婚的黄道吉日。他面前的那个箱子里装满了供人抽取的签，这既是用来算命的工具，也是向顾客宣布算命结果的一个凭证。

044　杭州御街的保佑坊

杭州的中山路在清末的正式名称是御街，俗称大街。民国初期曾改称江墅路，抗战胜利后又改称中山路。清末民初的大街是杭州的商业区，熙熙攘攘，店铺云集，其街景跟现在的中山路的样子大相径庭。首先，大街是按照“坊”来分段的，例如现在北起庆春路，南至鼓楼的中山中路这一段被划分为弼教坊、里仁坊、寿安坊、积善坊、三元坊、保佑坊、甘泽坊、太平坊、清河坊。每个坊之间都筑有一座砖砌圆拱门的高墙，拱门上方刻有坊名，门下则装有木栅门。每天深夜，木栅门会被关上，更夫则敲着梆子，在坊内来回巡逻，以确保社区的平安。保佑坊的位置约在羊壩头至清真寺这一段，是大街上最繁华的地段。1928年，大街上开修马路，所有公墙均被拆毁。如今虽然得以重修，但其古色古香自然是打了折扣。

045　杭州御街上的店铺

清末民初的杭州御街两旁的店铺大都是两层楼的木结构建筑，间或有些砖石结构的房屋。底层的店面房一般都采用可拆卸的门板：晚上店铺关门时可插上门板，一到白天，就可以拆掉门板，接待顾客。另外，当时的店铺外面往往悬挂许多木制或布制的招牌，不仅上书店铺名称，而且还罗列店铺内的货物种类和特色名牌商品，有点类似于现在的广告。

046　杭州御街的街景

清末民初的杭州御街路面非常狭窄，最狭窄处就连两辆黄包车交会都有点困难。杭州基督教青年会创始人鲍乃德的女儿尤金妮娅回忆1920年前后在御街上坐黄包车的经历时这样写道：“当然，这是杭州市中心最长和最宽的一条街道。但仅有六至八英尺宽的路面并不能令人印象深刻，而且路上熙熙攘攘的行人更使这条街道显得狭窄。除了要躲避所有的人群之外，我们的黄包车还被从对面来的另一辆黄包车挡住了去路——那是我们在路上所看到的唯一一辆带轮子的车……”现在虽然马路拓宽了，但原有的韵味也随之尽失。

047　杭州马路边的“门儿饭”

上了年纪的老杭州也许会对这张照片中的场景感到熟悉和亲切。在过去，杭州有不少沿街的小吃店常常因陋就简，用拆下来的店铺门板在街上支起一张桌子，招徕路人到小店里来用餐。在杭州方言中，到这样的小食铺来用餐被称作吃“门儿饭”。在这张照片中我们就可以看见一位路人在街上吃“门儿饭”。他就餐的桌子就是用门板搭在凳子上支起来的。

048　杭州一位穿街走巷的老年小食贩

“民以食为天”——这句话是放之四海而皆准的，民国初年的杭州也不例外，当时杭州的大街小巷里有为数众多的小食摊和小食贩。这张照片所表现的就是一位挑着食担，走街串巷的老年小食贩。食担的一头挑着一个小火炉，另一头则是放置碗筷、肉馅和馄饨皮及作料的箱子。这样的小本生意通常只能够勉强糊口而已。

049 杭州街道旁的一家小食铺

与走街串巷的小食贩相比，街边小食铺的老板通常可以挣到更多的钱。在这张照片中我们可以看到民国初年杭州一家小笼包子店铺内的情景：店里有一个用砖和黄泥砌成的灶头，可以看见炉膛里烧的是木柴。灶头边站着的那位老人正在用蒸笼蒸小笼包子。店铺内还有两位妇女正在擀包子皮和用肉馅包小笼包子。站在店铺门口的很可能就是小店老板的孙女儿。

050 杭州御街上的一个冥洋作坊

根据盖洛的记载，杭州御街上还有一个很有看头的手工作坊，那就是冥洋作坊。那儿出售的供清明节祭奠祖先时焚烧的冥洋是用硬纸板做成的，外面包有锡箔纸。“鹰洋”表面的花纹图案和文字字样则是需要用模具敲打出来的。照片显示一位伙计正在制作冥洋。他用左手扶住模具，右手用木槌敲打模具，这样制作出来的“鹰洋”几可乱真。

051　杭州一家专卖锡箔元宝的冥钱店

做冥钱的手工行业也有专业的区分。前面那张照片中的店铺专做冥币，而这张照片中的店铺却是专门做锡箔元宝的，因为在祭祖和做水陆道场时不但要烧冥币，还要烧纸钱和锡箔纸做的金银元宝。元宝是用锡箔纸折叠而成的。锡箔纸一般只有一面是锡箔面。把两张锡箔纸背靠背地放在一起，然后再折叠四个角，对折时向里或向外折角便可以折出两种形状不同的锡箔锭元宝。

052　杭州御街上的一位冥器行师傅

按照中国民间宗教信仰的传统做法，死者出殡和做水陆道场时除了烧纸钱、冥币和锡箔元宝之外，还要烧冥器，即用锡箔纸仿制而成的家具器皿。所以冥器行也成为一种常见和受欢迎的手工行业。上面这张照片中的冥器行师傅正在将一张锡箔纸敲成圆形的桶状。为了因陋就简，他揭开了店铺里的几块地板，用下面支撑木板的一根粗木头作为模具。收工之后，那几块地板还可以再放回去。劳动人民的创造性思维有时真是令人赞叹不已。

053 杭州御街上一家专织马带的店铺

马带的编织技术创始于湖北，从1894年起开始输入杭州，到了宣统年间达到鼎盛。当时杭州城里的马带店共有四十多家，主要集中在御街的众安桥至官巷口这一带。这张照片向我们展示了在民国初年的一家马带店铺内，人们是如何在织机上编织马带的。手工织机看上去比较简陋：织机不大，其框架是用木头做的，织工可以坐在上面。制作马带的原料是较粗的洋纱线，经过染色、浆洗、摇纱、牵经和上机等工艺程序，最后织成六寸、五寸和三寸等三种型号的马带。每个织工平均每天能织九条。从20世纪20年代起，因皮带、皮夹盛行，马带业逐渐衰落，销售对象也转向了金华、衢州、严州（建德）和杭嘉湖平原的农村地区。

054 杭州的一个丝绸作坊

相比之下，绸缎的织机就要比织带机的规模大许多，而且其制作工艺也比织带机复杂得多。杭州的丝织业一向非常发达。1897年，英国女旅行家毕晓普夫人访问杭州之后报告说，杭州拥有7000架织绸的手工织机，约有28,000人和360架织机在一位钦差大臣的监督下，专门为皇家生产丝绸产品。这张照片所展示的丝绸织机为我们了解杭州丝绸工业的变迁和发展提供了一个直观的参照物。

055 杭州茶馆里的大水壶

在中天竺法净寺的杭州市佛教协会办公室角落里至今还放着一把偌大的黄铜壶，壶的顶上还有两个类似于烟囱的粗大管子。关于这把模样怪异、大得有点吓人的铜壶究竟来自何处，有什么具体的用途，谁也说不清楚。但是只要看到这张甘博的老照片，一切疑问便可迎刃而解了。原来这是一把在茶馆里烧开水的大茶壶。有趣的是，照片显示这把大水壶被置于一口大缸和一口小缸之间，大缸里盛着用来烧开水的生水，小缸则是用来盛倒开水时溢出的水。壶顶那两个烟囱般的装置一个是用以进水的，另一个是放木炭的，因为烧开水的火炉设在水壶之内。不过用这样大的水壶来倒开水，的确需要有过人的臂力和高超的技巧。

056 正在钻孔的一位杭州木作坊小学徒

下面这张照片对于四十岁以上的杭州人来说大概都还比较熟悉。在电动和机械的打钻设备出现之前，我们的祖先就是用这样的工具来钻孔的。从照片中可以看到，墙上挂着大大小小的各种十字形钻具。一位学徒正用这种古老的十字形工具在一块木头上钻孔，当他的手往下压的时候，横杠两端的绳索就会带动竖杆飞速旋转，于是钻头便可以在不同的材料上钻出一个洞来。过去人们甚至可以用它在破碗上钻孔，然后再用金属钉子把碗补好。（见78页）

057 杭州木作坊里的车床

除了十字形钻具之外，杭州木作坊还有其他各种简单而巧妙的机械装置。例如上面这张照片中的脚踏车床。照片中的小学徒用左脚不断地上下踩踏一根木棍，使得一个通过一根绳索与踏棍连接的圆形夹头飞速旋转，夹头上夹着一个小木件，这位学徒正在用锉刀在这个飞速旋转的小木件上刻出各种形状的环形花纹。请注意看：那根踏棍上已经被手工艺人们踩出了深深的凹印。

058 杭州的一家油纸伞作坊

做伞是杭州一门古老的传统手工行业。绸伞和“天堂伞”至今仍是杭州的金字招牌。笔者有幸在原杭州西湖伞厂当过几年工人，所以对于杭州的伞具有特殊的感情。早在“白蛇传”的民间传说中，就有白素珍在西湖边遇上下雨，向许仙借伞而引出的一段姻缘。清代的杭州人就已经使上了用桐油纸做的雨伞。光绪年间，从日本传入了阳伞，于是后来便衍生出西湖绸伞。进入民国之后，又发明了油布伞，因其坚固耐用，一直到20世纪的70年代仍然销路不衰。不过现在的80后年轻人已经难以想象当时杭州人使用油纸伞的情形了。这张照片向我们清楚地展示了制伞的工艺流程，即先要制作伞骨，然后把伞的边缘缝住，接着再把油纸一张张粘贴上去。当时制作雨伞的手艺人大多采取家庭作坊的形式。照片中左边站立的父亲正在制作雨伞，他儿子站在右边观看，显然是在做学徒打下手。

059 杭州工匠正在装鼓皮

鼓之所以能够发出震耳欲聋的巨大声响，主要是由敲击鼓皮产生空气振动，然后振动以声波形式扩散而造成的。而鼓的声响和音质则主要是由鼓皮的大小和松紧，以及鼓桶本身的共鸣而决定的。所以装鼓皮是一件含金量很高的技术活，因为它需要干这个活的工匠具有丰富的经验、足够的技巧和体力。上面这张照片以现场目击的形式向我们展示了一位工匠在大街上装鼓皮的情景：先在鼓皮的边缘钻上许多小孔，然后再用八根粗大的麻绳把它在一根木桩上绷紧，用钉子将皮固定住，然后再通过调节麻绳松紧的方法来消除鼓皮上的皱纹和其他不够平滑的地方。只有这样才能够使鼓皮和鼓桶本身严丝密缝，并且有较好的音质。

060 装好鼓皮的大鼓被晾在一边

上面这个过程还只是准备阶段。当鼓皮经过处理，变得光滑平整之后，便可以被安装到鼓桶上去了。整个过程跟上面类似，也是用粗大的麻绳将鼓皮绷紧之后，再用钉子固定，然后对鼓皮的松紧进行调节。一切都准备停当之后，还需要将它晾几天，再进行一些微调。最后才将鼓皮的松紧状态确定下来。蒙鼓皮貌似简单，但里面的学问确实不小。（见84页）

061 杭州一家细木作坊的祖孙三代

木匠这个行当有粗细之分。细木工匠一般是指专门制作家具，尤其是能在木头上雕刻各种花纹图案的老师傅。浙江的东阳木雕闻名遐迩，但其实杭州的木作坊也有其深厚的渊源和传统，因为清末民初，杭州有那么多的寺庙庵院和店铺宅第，如果没有好木匠，它们又怎么能够建得起来？上面这张照片向我们展示了杭州细木工匠的三种基本手艺：左面那位年纪较轻的师傅直接用刻刀在木头上雕刻花纹，中间那位年纪最大的老木匠在用凿子和锤子将较大块的木头凿下来，右边这位中年的师傅在用钢丝锯在木板上直接锯出纹饰。基于杭州木作坊的家庭作坊性质，这三位木匠很可能是从事细木行业的一家祖孙三代。

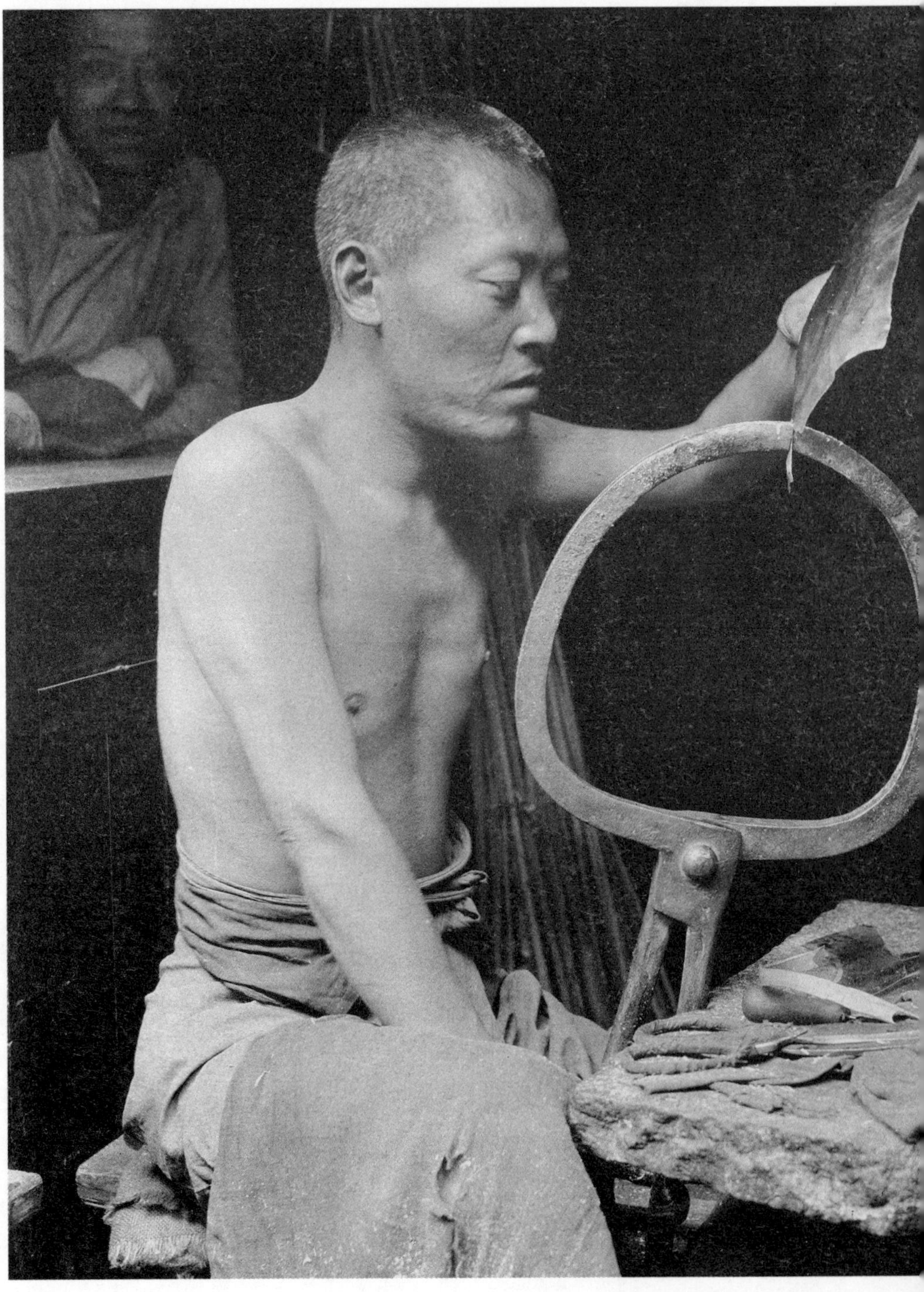

062 杭州御街上制作灯笼的工匠

杭州御街（即中山路）上有一家专门做灯笼的店铺是一个曾经传承百年的老字号。1909年来到杭州的美国旅行家盖洛在费佩德的陪同下参观过大街上各个店铺之后，对它留下了最深刻的印象："最令我称羡的是用羊角来制作灯笼（的那家店铺）；做这种灯笼需要五、六个工人，每人月薪在15—16元之间，再加上老板的米饭。工匠们从上海买来山羊角，加工磨光之后，用烧红的夹子把它们焊接成一体，整个制作过程中，工匠表现了高超的技艺，令人目不暇接。"（《中国十八省府》，第33页）盖洛在赞叹之余，还专门拍了一张照片，附在他的书中作为插图。甘博在十年之后在同一个店铺所拍摄的照片显示，尽管照片中的主角已经换了一位工匠，但是制作灯笼的工艺和工匠干活的基本姿势却依旧，可能那两位工匠是师徒或是师兄弟。

063 杭州大井巷刚开张的张小泉近记店铺

说来也巧，当甘博于1919年10月再次来到杭州的时候，正好碰上杭州最著名的百年老店张小泉近记在杭州大街鼓楼的店铺刚刚开张，因此我们今天就有机会看到张小泉剪刀店刚开张时的店内情况。张小泉在杭州剪刀业独占鳌头，但他有众多的后代和模仿者，所以民国初年杭州的张小泉剪刀店铺有炳记、近记、荣记之分。张小泉的第八代传人张祖盈是近记店铺的老板，因发明抛光镀镍的工艺而闻名。照片中的这位老师傅一面照看店铺，一面还在制作剪刀。这样做一举两得，不仅节省了工时，而且还给店铺打了活广告。（见88页）

064　杭州御街上正在制作棕绷床垫的两位手工艺人

上面这张照片展现了一个非常温馨的画面：两位面带笑容的手工艺人在一个春光明媚的日子里，一边享受着灿烂的阳光，一边心情愉快地在杭州御街的店铺里制作用棕绳交叉穿在木框床架上而成的老式棕绷床垫。这种棕绷床垫在如今许多杭州的家庭中仍然可以见到，它既环保又实惠，可以避免过于柔软的席梦思床垫给人体健康带来的各种危害。棕绷床垫的源头可以追溯到一千多年前的南宋首都临安，即今天的杭州。其制作工艺独特，堪称精湛手工艺和传统民族文化的结晶。可惜这门已经传承了千年的民间手艺在如今的中山路上已经找不到了。不知这门杭州千年民间手艺是否能申请下一批的国家级非物质文化遗产？

065 杭州一位竹篾行的师傅

浙江省盛产毛竹，所以竹篾行在杭州也是一个很常见的手工行业。早年杭州城里老百姓的日常生活哪儿都离不开竹篾产品。人们吃饭用的是竹子做的天竺筷子，白天劳作时用的是毛竹做的扁担和竹篾编的箩筐，晚上休息时睡篾席或竹榻，房间里随处可见用毛竹做的桌子和椅子，买菜时用的是竹篮，蒸饭时用的是毛竹做的蒸笼，就连养鸡时用的也是竹篾编成的鸡笼。照片中这位竹篾行师傅正在用劈好的竹篾编织一个鸡笼。可惜的是，有许多过去很常见的竹篾产品现在已经很难见到了。

066 杭州一户养蚕人家

跟笔者一样，许多在杭州长大的小孩都曾有过养蚕的经历。因为丝绸业是杭州本地的传统工业，所以作为丝绸业基础的养蚕业过去在杭州极为普遍。由于杭州地区盛产桑树，所以为养蚕提供了极大的便利条件。可是在晚清的时候，中国的养蚕业落后于西方和日本，所以杭州知府林启于1898年在西湖边的金沙港创办了蚕学馆，并且亲自兼任总办。蚕学馆创办之后，不但培养了一批有专业知识的蚕丝业从业人员，而且极大地促进了民间养蚕的风气。

067　杭州通江桥的九和染坊

杭州的染炼业主要是在民国初年迅速发展起来的。在民国之前，杭州的染炼作坊仅寥寥数家而已，如通江桥的九和染坊、仙桥的大章源、登云桥的恒瑞昌和石牌楼的公益染坊。民国之后，染炼作坊的数量迅速增加，1930年时便达到了214家。城里的运河沿岸随处可见染后晾晒的布料。开始杭州染坊里使用的主要是姜黄、苏木、花果、水靛等国产的颜料，自从外国颜料被引入中国之后，国产的颜料便逐渐被淘汰。照片中所表现的正是杭州的老字号九和染坊，背景中的石拱桥就是通江桥。正如店铺门口挂着的一块牌子所示，1919年时，九和染坊已经采用了西法洗染。

068　杭州的另一家旧式染坊

这是杭州运河旁的另一家旧式染坊。由于看不清染坊大门上的文字，所以我们无法断定这是哪一家染坊，以及它位于杭州的哪个地方。染坊的生产需要大量用水，所以一般都建在运河边上。旧式染坊内往往会置有几十个水缸，新式染坊装上了采用煤电的锅炉（或称“热水汀”），可取代那些水缸。旧式染法所需时间较长，如染黑布，必须先经过蓝色，将来才不至于发黄。染黑之前，要先浸于石灰缸中，因石灰呈碱性，染后颜色不会退；再浸花果缸；最后还要置入缸，利用化学作用，使颜色黑而有光。（见94页）

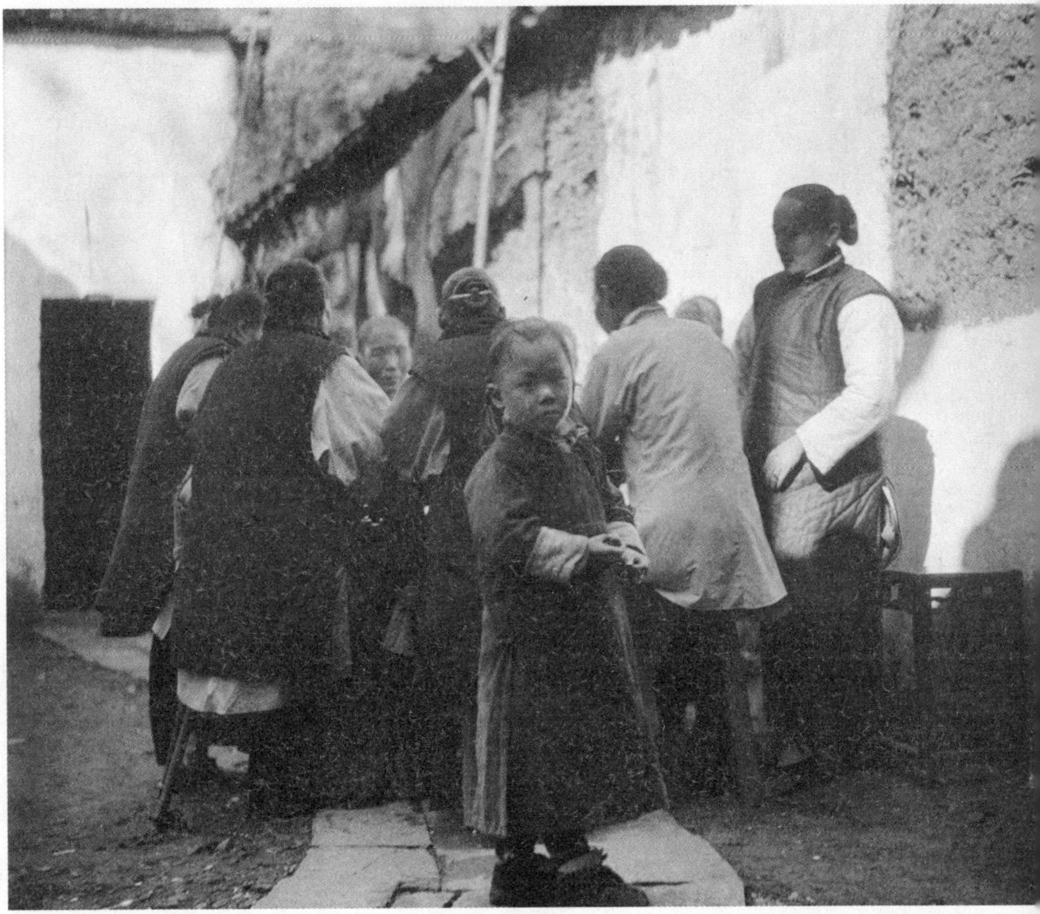

069　一群代人念经超度的杭州老太太

佛教说法认为，任何人去世之后，都必须超度，否则就会有下地狱的危险。有一些专门讲超度的佛经，如《救拔饿鬼陀罗尼经》和《地藏经》等，反复强调了超度的极端重要性。因此大户人家死了人之后，要专门花钱邀请和尚来家念经为死者超度；没钱做水陆道场的人家也得请一些信佛的老太太们来家里，代替自己念经。因此如这张照片所示，专门代人念经超度便成了这些老太太的职业。

引入西方

070　送死者上路的谶语

在请人为死者念经超度的同时，人们还会在死者的房屋周围做一些专门的布置，以便能更加顺利地将死者送入天堂。在佛教的概念里，西天是可以永享极乐的天国，所以送人上西天原意为送人上天堂。在上面这张照片里，我们可以看到有人将一根竹枝插在墙砖的缝隙里，并在竹枝上挂了一张纸条，上书“引入西方”。这代表了一种祈愿，即希望死者能够进入天堂。

071 杭州基督教青年会位于大方伯的临时会所

杭州的基督教青年会是1910年来到杭州的美国传教士鲍乃德（Eugene Epperson Barnett）于1914年创办的。当时的浙江都督朱介人对青年会的成立表示支持，并且拨出了旧旗营中一块面积超过十三亩的空地，以便为青年会建造运动场和会所。在新会所建成之前，青年会租用了大方伯的一处房屋作为临时会所。这张照片所表现的正是位于大方伯的杭州基督教青年会临时会所。青年会提倡文化和现代体育运动，所以会所中设有棋桌、台球桌和乒乓球桌，还有各种报纸供人阅读。大厅中央站着看人打台球的那位外国人就是鲍乃德。

072 杭州基督教青年会新会所大楼的背面

甘博在北京基督教青年会担任干事，跟杭州的青年会有平级的工作关系。他于1919年10月到达杭州时，杭州基督教青年会的新会所即将建成，所以甘博就有机会拍下了新会所大楼正面和背面的两张照片。1920年，杭州基督教青年会便正式启用了这座新会所大楼，它至今仍在被使用，但后来在原来的大楼上面又添加了一层。

073 杭州基督教青年会新会所大楼的正面

杭州基督教青年会的新会所大楼于1920年正式启用。次年，大楼的右前方又建造了一个高大的钟楼，使之成为杭州城中心地区的一个标志性建筑。1922年，青年会新会所里又先后开辟出市内健身房和面向大众的公共健身运动场。青年会将推广和普及现代体育运动作为其主要工作之一，因此它组织了诸多的体育比赛和运动会，为基层单位训练了大批的教练员和运动员，为促进杭州和浙江的现代体育运动作出了很大的贡献。与此同时，青年会还组织了有关宗教、自然科学、历史、人文、地理、卫生和文化等热门话题的系列讲座，为推动杭州社会的现代化做了不少实事。

074 杭州正则学校的男生

美国北长老会的教会学校育英书院的原校址是在杭州大塔儿巷十九号。1910—1911年间，育英书院迁到位于钱塘江畔的之江校区之后，城里的校舍便空了出来。由美国南长老会贞才女校、北长老会育才女校和美国北浸礼会蕙兰女校三校于1912年合并而成的弘道女校曾经在那儿办过几年学。1917年弘道女中位于旧旗营的新校舍建成之后，便迁走了。于是附近皮市巷的一个北长老会全日制小学又搬进了大塔儿巷这个校舍，并改名为正则学校。该校是之江文理学院的附属小学，首任校长姓方，是原育英书院的毕业生。照片左面木箱上有“Piano”（钢琴）字样，显然是学校刚刚新买了一架钢琴。

075 杭州正则学校的女生

根据之江大学首任校长裘德生的回忆，正则学校刚成立的时候，只招到了二三十个男孩和女孩。但是学校的发展很快，不到十年，学校的学生人数便增加到了340名，共有16名教员。从照片上看，那些女学生虽然衣着很简朴，但是总的来说，还算比较整洁，尤其是头发都梳得很干净整齐，表情诚挚，表现出一种崭新的精神面貌。站在最左边的那位女老师看上去也是一位教会学校的毕业生。

076 正在上课的正则学校学生

甘博的这张照片使我们有机会走进杭州教会学校的教室，去看一下当时的小学生是怎么上课的。六位男孩子围坐在用两张书桌拼起来的方桌周围，一个高年级的女生正在辅导他们朗读课文和写字。桌子的中央放着一份折叠起来的报纸，学生面前摆放着几本翻烂了的课本和几块用滑石笔来练习写字的石板。当甘博拍照的时候，站在女孩对面的那位小男孩正背课文和做听写练习。这显然是一堂早自习课。

077 杭州城里的一位拾荒者

每个城市里都有一些以捡破烂为生的拾荒者，古今中外几乎没有例外。就连现在的杭州城里也常常可以见到一些拾荒者的身影。但是过去人们很少注意这一人群在“人间天堂”杭州的存在，至少笔者不记得在其他人的老照片中见过民国初年杭州的拾荒者。但是甘博作为一位社会学家，对于社会各阶层人民的生活状态非常敏感，他的这张照片给我们提供了一个反映杭州普通人形象的绝好范例。有趣的是，这位衣衫褴褛的拾荒者跟前面那位算命先生一样头戴一顶道士的帽子。不知他原先是位道士，还是随便捡了一顶戴在了自己头上。

078 杭州城里的一个路边神龛

在中国民间宗教信仰中，有各种各样的土地神掌管着各种不同的地界，如住宅神君、墙土、灶土、栏前土地、牛土地、猪土地、沟土地、棉土地、布机土地、桥神土地、山神土地、树神土地等等。上面照片中这个路边神龛显然是为树神土地而建的，虽然有点简陋，但还是有模有样。神龛两边的对联分别是“万姓观瞻”和“千年香火”，横批为“神而明之”。

079 杭州新改造过的延龄路

杭州的延龄路是民国初年除了御街（现中山路）之外杭州另一条十分繁华的商业街。但不同的是，御街的街道非常狭窄，两辆黄包车交会都会感到有点困难，而经过改造之后的延龄路与平海路交界处的路面则相当宽阔，恐怕十辆黄包车并排走都没有问题。照片中还一个值得注意的细节，就是在延龄路上我们可以看到两排电线杆和密密麻麻的电线和电报、电话线。这对于研究杭州的电力和通讯发展的情况也是一个绝好的证据。

080 新落成的杭州湖山堂

杭州美国南长老会的湖山堂是专门为了纪念司徒雷登父亲司徒尔（1913年去世）而建的一个新教堂，1917年4月落成，位于杭州法院路1号。甘博于1917年6月来到杭州时，正逢这个教堂建成启用，所以他用相机拍下了这个镜头。他的朋友、之江大学校长费佩德也拍摄了这个教堂的另一张照片，并且刊登在《教务杂志》1917年第12期上，同期杂志的第814—815页上还有一篇关于这个新教堂落成启用的专题报道。

081 杭州的一位小女孩

这是甘博于1917年所拍摄的一个杭州小女孩。她大约只有两三岁，但已经能够坐在椅子上，把碗放在一条长凳上自己吃饭了。时值冬天，她身穿棉袄和围裙，头戴毛线织成的帽子，在室外晒太阳。她的衣着布料和衣帽式样具有浓郁的地方特色，这也许是吸引甘博的原因之一吧。

082 杭州人家养孩子所用的婴儿立桶

这张照片所反映的是早年杭州一个非常令人熟悉的场景。两个带着棉帽、穿着棉袄的婴儿站在两个位于住家门前的木制婴儿立桶里，正在晒太阳。这种特制的木桶在旧时的杭州颇为常见。由于它本身有一定的重量，底盘较稳，所以将婴儿放在里面较为安全，一方面可以让母亲腾出手来做其他家务，另一方面，让婴儿站立也算是一种锻炼。

083 杭州城里看热闹的人群

在这张照片里，我们可以看到民国初期杭州人的表情、发饰和装束等一些日常生活的细节。照片中央的那位小姑娘额前留着很长的刘海，长发束于脑后，她戴着耳环，身穿圆领、右衽、捻襟的中式上衣，表情有些木然。后面那位成年男子留着短发，身穿白色长衫，眼神也缺乏光彩。倒是小姑娘身后那位光头小男孩圆睁大眼，显示出强烈的好奇心，表情较为生动。

084 杭州一位疲惫的劳工

照片里的这位劳工可能是从农村来的打工者，他站在一座房子前面等着有人来雇用他。但可能是等候的时间太长了，或者是他一早起来之后，就没有吃过任何食物，所以他此时已经疲惫不堪，倚靠在墙边的铁栏杆上。从他的眼神里，人们似乎看到了一丝绝望。

085　杭州城西的清波门

杭州城西城墙上共有三个城门：钱塘门、涌金门和清波门。在1911年美国收藏家弗利尔（Charles L. Freer）拍摄杭州西湖的一张宽幅照片上，这三个城门清晰可见。通过比对，我们可以确定，甘博这张照片里的正是清波门。其特征就是在城门两侧突出部位的城墙上有两个小屋，其中左边那个小屋在1911年的照片中是完好的，但在甘博1917年的照片中就已经破败不堪了。清波门城楼是一个歇山顶的建筑，脊椿很高，两端分别有雷公柱连吻椿，脊椿的统花砖上刻有“风调雨顺”四个大字。城门内有一条石板路直通城里。

086　杭州火车站的院子里

上海和杭州之间的铁路是1909年开通的，是浙江和江苏两省民间筹款建造的铁路。从杭州火车站院子里拥挤的人群来看，这条铁路线的运输业务还是挺繁忙的。院子里有很多接送旅客的黄包车和车夫，黄包车车夫相当于现在的出租车司机。照片中还可以看到装在一辆大车上的一个大木桶，那是专门用来装水的水桶。

087 从西泠桥桥洞遥望保俶塔

西泠桥是从孤山去岳坟或北山街的必经之地，它的北端就是闻名遐迩的名妓苏小小之墓，而西泠桥本身也是西湖上一座著名的古桥。当年甘博在拍摄这座桥的时候，选择了一个绝佳的角度，使该桥半圆形的桥洞与它在湖面上的倒影形成了一个圆圈。而从这个圆圈望进去，则可以看见后面宝石山上的保俶塔和山脚的大佛寺。

088 杭州文澜阁牌坊和圣因寺

康熙皇帝和乾隆皇帝曾经多次南巡来到杭州，当时就住在西湖孤山的圣因寺，因此孤山的圣因寺在清末民初又被称作皇帝行宫，里面的花园则叫御花园。御花园正门前面原来有一个牌坊，称文澜阁牌坊。这个牌坊新中国成立后曾经被毁，2005年杭州园文局又重新修复。对比老照片可以发现重建后的那块牌坊的许多问题。除了柱子和顶盖的比例有所失调，以及许多装饰细节的缺失影响到了牌坊的外形风格之外，更大的问题在于牌坊正面的匾额与原来的完全不同。原有的匾额跟牌坊的横梁融为一体，上书“光华复旦”；而新的牌坊匾额则向外倾斜，且上面的题词变成了“复旦光华”。

089　圣因寺内的御碑亭

在孤山的东侧，原来有一个著名的佛教寺庙，名为圣因寺。该寺以收藏唐朝贯休画的《十六罗汉图》而闻名遐迩。乾隆十六年，乾隆皇帝下江南时，浙江的官员们为了迎驾，特地在圣因寺的西面，即孤山的正中处专门建造了一个供皇帝居住的行宫。乾隆皇帝对西湖的风景赞不绝口，写了好多诗。于是人们专门在皇帝行宫里建造了这个御碑亭。这个亭子后来就成了皇帝行宫的一个标志。

090 杭州“曲院风荷”南面的玉带桥

甘博照片中的这座玉带桥位于苏堤与曲院风荷之间的金沙堤上。这里原来只是一座小桥，清代时改为带有一座亭子的石桥。根据《湖山便览》中的描述，该桥“中设三洞酾水，上构飞亭，夹以朱栏，绕以花柳，晴波倒影，俨然长虹亘空，增修十八景目曰‘玉带晴虹’”。但是到了民国初年，桥上的亭子已经不复存在。1983年，玉带桥得以重建，恢复了往昔飞檐翘角、朱栏汉玉的原貌。

091 杭州的保俶塔

甘博于1917年拍摄保俶塔的这张照片颇为经典，它不仅真实反映了民国初年宝石山上的实际状况，而且还使我们能够从宝石山顶俯瞰杭州城的民居建筑分布情况。当时的宝石山顶被英国圣公会的广济医院院长梅藤更租用，在保俶塔的东、西两面分别建造了广济医院的肺病疗养所和康复所这两座建筑。后来这块地被杭州市政府收回之后，这两座原属广济医院的建筑也先后被拆除。

092 远眺葛岭和西湖

除了拍摄保俶塔之外，甘博还在葛岭的最高点，即初阳台上，从左到右，逐段拍摄了西湖的全景照片。上面这张照片就是该照片系列中的第一张。民国初年，葛岭山上的树木相对较少，所以从初阳台向东眺望，可以清楚地看到当时葛岭的南山坡上基本上是光秃秃的，只能见到有几道围墙把山坡分割成了几块，还有一条石阶路修到了半山腰。再往远处望去，可以清晰地看到断桥和湖滨的房屋。天上乌云密布，似乎城区正在下阵雨。

093 从葛岭远眺西湖和杭州城之一

在这张照片中，我们可以清晰地看到外西湖、里西湖和位于西湖中间的白堤，以及白堤上的锦带桥。在里西湖的北岸，当时还没有修建马路，只有一条石板路。北岸的房屋建得还不多，在照片中可以看见两个新修的院落，院子里的主楼均是西式建筑。还可以看到一个修建得很漂亮的西洋式大门，上面隐约可见“前庭内寺”四个大字。远处还可以看到钱塘江及其对岸的萧山。

094 从葛岭远眺西湖和杭州城之二

再往右，我们便可以看到从锦带桥到孤山这一段的白堤，以及平湖秋月的围墙、亭子和孤山的一角。民国初年的孤山是有一道围墙圈起来的，围墙上有好几个门，可以从那儿进入孤山。围墙外面的西湖边还有一条石板路。在里西湖的北岸，我们还可以看到另外三个院落，其中最左面的是一个中式民居，中间的院落里有一个寺庙建筑，右面那个院落是西洋式建筑，似乎就是后来西湖博览会会址的地方。

095 从葛岭远眺孤山和西湖

继续往右，我们便可以看到外西湖上的三个小岛：小瀛洲、湖心亭和阮公墩。在孤山的北面，我们可以清楚地看到梅林归鹤的水池、放鹤亭，以及亭子西面的茶楼“巢居间”。现在这个茶楼早已不复存在。放鹤亭上面的白墙黑瓦建筑群就是建于康熙年间的“敬一书院”。在里西湖的北岸，我们可以看到一座高大的三层西洋式建筑及其具有波浪式曲线的围墙，这就是大名鼎鼎的“新新旅馆”，又称“孤云草舍”，建于1913年，是杭州第一座涉外旅馆。

096　葛岭的陡峭山壁

这张照片拍摄的是近景，即葛岭山上的陡峭石壁。“葛岭”这个名称来自道教史上的晋代著名炼丹家葛洪。据说他曾经在这座山上修行，并设炉炼丹。他当年的修炼之处“抱朴庐”就位于葛岭的山腰。如今，“抱朴道院”与玉皇山顶的“福星观”和葛岭北麓的“黄龙洞道院”并称为杭州西湖边最著名的三大道院。

097 杭州北里湖和宝石山

甘博的这张照片向我们清晰地展示了北里湖北岸一些老房子的门面和宝石山上的保俶塔及其东、西两边的建筑。照片显示，保俶塔已经年久失修，塔身中段的外包砖层已经有所剥落，而且塔身的中段和上部都长出了一些小树。宝石山山脚处建造了不少房屋，既有中式建筑，又有西洋式建筑。北里湖的边上只有一条狭窄的石板路。

098 泛舟西湖

来杭州游玩的外地旅客肯定会坐游船到西湖的小瀛洲和湖心亭上去看看。泛舟湖上，脸上吹拂着轻风，眼看着那西湖游船划破清波，慢悠悠地向湖中央的小岛划去，游客会感觉自己也融化在了这青山绿水之中。宋人徐元杰吟诵西湖的名句会不由自主地涌上心头：“花开红树乱莺啼，草长平湖白鹭飞。风日晴和人意好，夕阳箫鼓几船归。”

099 杭州西湖上的手划凉篷船

西湖游船的式样过去一百年来并没有大的变化：船身修长，游客们坐在船的中间部分，由于杭州夏天的气温较高，所以游船一般都配置了白色的布凉篷。但是跟老照片仔细比较一下的话，也能够发现一些细微的区别。例如现在的游船一般都只配一位船夫，载人数为六个。而甘博照片上那艘船中却有两名船夫和八名游客。另一个区别是早期的游船游客们在船上的坐法是四个朝前，四个朝后；而现在的游船上，游客是一边三个，面对面坐的。

100 杭州西湖边的刘庄

刘庄是杭州西湖边最美丽的一个私人花园。它位于丁家山南麓和西里湖的西面湖畔，最早是由广东富商刘学询于20世纪初修建的，故称“刘庄”。从上面这张照片中，我们可以看到刘庄里面那些亭台楼榭的精致豪华。在刘庄临湖的白墙上，我们可以看到三十五个形状各异的饰窗，每个饰窗内都有花鸟山水和各种人物的精美雕刻。可惜这些令人惊艳的造型艺术现在已经看不到了。

101 杭州西湖上的挖淤泥船

西湖的水源虽然是来自周边山峦的溪水，但是湖底的淤泥却日积月累，堆积得很厚。这就要求人们经常要挖一下西湖湖底的淤泥，以便保持西湖湖水的质量。在过去，挖淤泥是完全要靠人工来完成的。由船夫驾一条小船来到湖中央，然后用特制的夹子将淤泥挖出来放到船舱里，然后再把船划到预定的地点，再将船舱里的淤泥卸掉。在上面这张照片里，我们可以看到一位船夫在挖淤泥。如今挖淤泥的工作已经机械化了，西湖水的深度比以前有所增加，水质也有所改进。

102 杭州西湖小瀛洲

小瀛洲俗称三潭印月，是西湖上最大的一个岛。据说这个岛是明代万历年间由一位名叫聂心汤的钱塘县令下令用西湖里挖出来的淤泥堆积而成的。后来的钱塘县令们逐步在岛上建造了亭台楼阁，并且修建了放生池，使这个小岛成了西湖中的一颗耀眼明珠。明代天启年间，在该岛的西面建造了三个瓶形的空心石塔，夜晚在塔的中央放上蜡烛，其倒影映在湖中，就像是天上多了三个月亮。

103　从小瀛洲上拍摄的雷峰塔

这是从小瀛洲的西湖游船停靠码头向东南方向拍摄雷峰塔的一张照片。这个场景也是人们经常选择拍摄的，费佩德就曾经在这个地方拍过好几张雷峰塔的照片。甘博拍摄这张照片的时间大概是在上午，所以有点逆光，致使一道强光从右边进入了画面，造成了照片不太完美的效果。但在他的一组西湖照片中，这也算是一个不可缺失的部分。

104　游西湖的交通工具——轿子

在民国初年，来杭州游西湖的旅客对于代步的交通工具可以有五种选择：坐船、坐轿子、坐黄包车、坐马车和骑自行车。在这些选择中，坐轿子相对来说算是较为廉价的。费佩德在其《杭州游记》一书中对于当时的西湖旅游费用做过一次调查：坐轿子游玩西湖北岸各景点的价格为1.40元，坐轿子访问杭州最著名的几个佛教寺庙要花1.60元，坐轿子游玩西湖南岸各景点（包括龙井）的费用是1.80元，而坐轿子玩遍钱塘江沿岸各景点的花费也不过就是2.08元。

105　英国医师传教士梅藤更

民国初年的西湖周围都铺有一条不算太宽的石板路，可以跑轻便的马车。英国圣公会传教士、广济医院院长梅藤更在杭州生活期间有一个特殊的业余爱好，即在空闲的时候驾驶一辆轻便的驴车围绕西湖转一圈。这可算是一项不错的户外运动，同时还能够享受天下闻名的西湖美景。这道独特的西洋景也成了茶余饭后杭州市民们的一个谈资。

106　西湖边上晒梵香

这些放在西湖边秋瑾陵园围墙外进行晾晒的一块块木板可能会使现今的杭州人捉摸不透，其实这些放在木板上进行晾晒的东西原来就是人们烧香拜佛时用的梵香。这一根根细细的梵香，其制作过程有点像是生产挂面：先将粉和好了，然后擀成薄薄的方块状，在那上面划好道，等晾晒干了之后，就变成了一捧捧的梵香。

107 杭州岳王庙前的“碧血丹心”牌坊

古代的牌坊有许多不同的功能，其中最主要的就是纪念和表彰的功能；还有一种是标示和引导的功能，例如在一些寺庙和祠堂的前面往往会竖一块牌坊，路人看见牌坊，便知到了什么地方。按照中国传统的风水理论，寺庙和祠堂的大门总是坐北朝南，而且大门与牌坊总是位于中轴线上。上述这些功能在岳王庙前“碧血丹心”牌坊的这张老照片上可谓体现得淋漓尽致。

108 杭州岳王庙的正殿

岳王庙位于西湖之畔的栖霞岭下，始建于南宋时期，迄今已有近九百年的历史，是杭州最著名的历史和风景名胜之一。甘博这张照片所表现的是岳王庙的正殿——忠烈祠。乍看上去，这个正殿似乎跟现在的并无区别，但只要仔细比对一下，就可以发现很多的不同之处。首先就是大殿前“心昭天日”的横匾跟现在的不一样，横匾两边的对联跟现在的也不一样。老照片中正殿脊椿中央有一个代表太阳的金属饰物，上面还有一个宝塔。还有正殿底层屋檐上的一些饰物现在也没有了。这些都说明忠烈祠的建筑已经发生了很多变化。祠内的陈列就更不必说了，岳飞原来是戴王冠的岳王形象，跟现在的塑像大相径庭。

109 岳王庙内的“分尸桧”

因西湖申遗，我们自然比较关注西湖各景点历史遗物的保存情况。但调查表明，这方面的情况很不乐观。民国初年老照片里的西湖名胜景物，现在有许多都已不存在，或是换成了替代品。例如岳王庙内的“分尸桧”据说是老百姓借分尸桧柏来发泄对奸臣秦桧的仇恨的一个古迹。通过对照老照片，我们发现现在的那棵桧柏也已经不是甘博当年看到的那一棵树了。

110 从外地前来朝拜岳飞的香客们

岳飞是力主抵抗金国侵略，并为此遭到秦桧等奸臣陷害而死的民族英雄，所以深受广大中国人民的爱戴。每年都有许多人从外地赶到杭州的岳王庙来祭拜他。在甘博的这张照片中，我们可以看到从外地赶来的几位老太太在仆人的陪伴下，在岳飞墓前祭拜的情景。从她们的衣着装束来判断，她们并非普通人家的香客，而是来自大户人家。民国初年岳飞和岳云坟墓的原貌对于现在的文物保护工作也有参考意义。

111 岳飞墓前的石俑和石兽

岳飞墓前的石俑和石兽据说是明朝传下来的石刻精品。我们必须承认这些造型优美和线条流畅的石刻作品确实是精品，但是否明代的遗物，却仍存有争议。甘博的老照片中的石马、石虎的身体比例与现存的不一致；石羊右腿弯曲处原来有一块残缺，但现存的石羊腿上却看不出任何痕迹。现存文官石俑的脸型和眼睛睁闭的状态与老照片中的似乎不太一样，武官石俑那张脸的仰俯角度跟老照片中的有些细微的区别，两个袖结的形状也有所不同。

112　杭州岳王庙内的秦桧和王氏铁铸跪像

在岳飞墓阙的对面，有四个铁铸的人像赤裸上身、双手反剪地跪在铁笼子里，其中还有个是女的。这就是当年诬陷和残害岳飞的四个奸凶。左面的那两个是秦桧和他的妻子王氏。他俩都赤裸上身，跪在铁笼之中，引颈就戮。值得注意的是，1917年甘博所见到的那四个铁铸跪像跟现在岳王庙的跪像并不相同，旧跪像的“王氏”和“秦桧”等姓名是直接铸在肚子上的，而现在的两个姓名铁牌则是单独安置在这两个跪像后面的墙上。另外，铁栏杆的式样也不相同。

113 杭州岳王庙内的万俟卨和张俊铁铸跪像

与秦桧夫妇并排跪着的另外两人分别是万俟卨和张俊。万俟卨（1083—1157）是秦桧属下的监察御史，曾秉承主子的意旨，将岳飞在死牢中迫害致死。秦桧死后，万俟卨继任宰相，因力主向金国求和投降，而被视为奸臣。张俊（1086—1154）是南宋的一名武将，曾与岳飞齐名。但他投靠秦桧，成为谋害岳飞的帮凶，因而也被人民所唾弃。

114 杭州西湖边的雷峰塔

众所周知，杭州的雷峰塔是于1924年倒塌的，原因之一就是它的塔砖中藏有经卷，因而民间传说它具有辟邪祈子的作用，结果大家都去盗挖塔砖，所以导致该塔的最后倒塌。大家以前一般都没有看清过雷峰塔塔砖的具体细节。尽管也有不少其他老照片，但绝大多数老照片的清晰度都不够高。甘博的老照片清晰度很高，几乎可以使我们看清每一块塔砖的情形。它与新建的雷峰塔也形成了一个鲜明的对比。

115　杭州西湖十景中的“雷峰夕照”和“南屏晚钟”

南宋的西湖十景经过清代康熙皇帝的题字和乾隆皇帝的题诗早已是闻名遐迩，流传海外。其中第七景就是“雷峰夕照”，指的是矗立在西湖南岸，与北岸的保俶塔遥相呼应的雷峰塔在夕阳中熠熠生辉的风景。根据民间传说，雷峰塔下压的是与许仙在西湖边认识并结婚的白蛇娘娘，因此这一景点还蕴含着丰富的文化内涵。更加令人印象深刻的是，它与作为西湖第八景的“南屏晚钟”近在咫尺，两者堪称珠联璧合。

116 杭州净慈寺的一位和尚

在雷峰塔的南面就是杭州的另一座江南名刹——净慈寺。它是由吴越王钱弘俶创建的，初名慧日永明院，后经宋高宗改名为净慈寺。1861年，太平军攻陷杭州城时，该寺院被毁。同治年间，在官府和当地乡绅的捐助下，净慈寺得以重建，并恢复了它往日的辉煌。在甘博的这张老照片中，我们可以看到净慈寺院内相当整洁，就连和尚身上的衣服也显得比较干净。

117　杭州净慈寺的永明祖塔

慧日永明院的首任住持为智觉禅师延寿（904—975），他撰写了《宗镜录》这部禅宗经典，此书多达百卷，被后人誉为“伟大的哲学巨构”。由于智觉禅师在慧日永明院中的重要地位，所以在他圆寂之后，寺院专门为他的墓塔建了一座独立的歇山顶殿宇，名曰永明塔院。在甘博的照片中，我们可以清晰地看到，该墓塔上刻有“唐慧日永明宗照智觉禅师之塔”等字样。墓塔的四个角分别有武士守卫，塔前还有阿弥陀佛、观世音和大势至这“西方三圣”为其祈祷。由于永明祖塔已不复存在，所以这张照片对于我们了解净慈寺的历史弥足珍贵。

118　杭州净慈寺的比丘尼普同塔

据说杭州净慈寺自宋代起就有比丘尼（尼姑）在寺中修行，这一说法可以从甘博的照片中得到证实。上面这张照片展示了净慈寺一座殿宇内的两个普同塔，其中左面那个塔身上清楚地铭刻着“比丘尼之□”等字样。这说明该塔是专门用于储藏比丘尼骨灰的。跟上面智觉禅师的墓塔一样，这两个普同塔现也已不复存在。

119 杭州净慈寺的另一座高僧墓塔

作为一个著名的千年古刹，净慈寺曾经出过众多的佛教高僧。根据清代释际祥纂辑的《净慈寺志》，光是康熙之前的历任住持便有139人之多，其他的著名禅师更是难以计数。上面这张照片中的墓塔露天建造，但从该墓塔的石雕的精美程度、它的石柱围栏，以及不远处饰有龙纹的墓碑来判断，这肯定是该寺某位著名高僧的墓塔。

120　杭州一处太平天国时期留下的无名氏义冢

甘博的杭州老照片中有一张值得引起我们的特别关注。它所表现的是杭州郊区山岭中一批掩埋无名氏的义冢。里面所埋葬的全都是死于1864年3月左宗棠攻陷由太平军占领的杭州城那场战役中的士兵和平民。墓碑上还铭刻着同治皇帝的圣旨。现将墓碑上尚可辨认的文字抄录如下："圣旨：同治五年九月二十日……上谕：左宗棠奏掩埋浙江省罹难无主尸体五十七冢，名为义冢……无法掩埋义冢二十一处，计仁和县掩埋……钱塘县辖地七十二……均为一律……都知达。钦此。"

121 杭州“天主圣教修士之墓”

明末清初最早进入中国的耶稣会传教士曾选择在杭州建立了传播基督教的重要基地。其中卫匡国、金尼阁、郭居静等十二位著名传教士亲自在这儿传过教，而且死后也都埋葬在了西湖之畔的老东岳附近。如今那儿的陵墓已经成为浙江省的文物保护单位。每次有外国的汉学家朋友来杭州，笔者都要带他们去瞻仰卫匡国等人的陵墓。可惜现在我们所看到的陵墓是“文革”以后重新修建的，并非真正的古迹。倘若想要知道这个陵墓原来的样子，还需仰仗甘博于1919年来杭州时所拍摄的“天主圣教修士之墓”的老照片。

122　原墓穴内的耶稣会士骨灰瓮

在杭州卫匡国等耶稣会士的陵墓里现在安放着十二个陶瓷做的骨灰瓮，以代表埋葬在那儿的十二位明末清初来到中国的耶稣会士。但是在目前的两块墓碑上我们只能查到九个半耶稣会士的名字——罗儒望、金尼阁、黎宁石、徐日昇、郭居静、伏若望、阳玛诺、卫匡国、洪度贞，以及一位叫……玛的意大利耶稣会士。徐宗泽在《中国天主教传教史概论》中又补充了庞类思和钟巴相这两个耶稣会士的名字。重修这个陵墓的人估计也从未见过该墓的老照片，因为不仅现在的陵墓和骨灰瓮的形状跟以前的都不相同，而且以前的墓穴里放有十三个骨灰瓮，而现在只有十二个。如能弄清每个骨灰瓮的主人的身份，可能将改写我们现在所知的这段历史。

123 来杭州上香的两位女性香客

民国初年，杭州曾经是江南香客们最常眷顾的佛教胜地之一，因为在这儿有无数个佛教寺庙，尤其是像天竺寺、灵隐寺和法华寺这样一些千年古刹。每年春天都有来自四面八方的香客结伙成队地前来进香，天竺寺、灵隐寺、净慈寺、昭庆寺和圣因寺等著名寺院，以及天竺山的观音、小和山的玄天上帝和法华山的东岳大帝，都是香客们顶礼膜拜的对象。这张照片所表现的两位女性香客身穿特别为进香而准备的衣服，挎着进香口袋，举手投足，都有十分鲜明的个性。西湖香市的习俗虽得以延续，但是老照片中别具一格的衣着和香袋已经看不到了。

124　从六和塔俯瞰杭州之江大学校园

在甘博拍摄之江大学的众多照片中，有一张是从六和塔的高层窗口拍摄的。由于民国初年秦望山上的树木相对较少，所以从这个角度往西看，之江大学校园中的那些建筑历历在目，可以看得比较清楚。然而百年之后，现在属于浙江大学的之江校区已经是绿树成荫，郁郁葱葱。校园建筑已经大多被树木所遮盖，只有近距离细看，才能够勉强分辨出之江校区中一些标志性建筑。

125　六和塔下的钱塘江滩涂

甘博的父亲是之江学院的赞助人，他的家族跟之江大学之间的关系非常密切。所以在甘博的杭州西湖老照片中，有一组专门拍摄之江大学校区及其周围景观的照片。上图便是甘博从之江大学校门口的钱塘江滩涂上拍摄附近六和塔的一张照片。在照片中我们可以清楚地看到六和塔塔院开化寺的庭院建筑和江边的其他民居、滩涂上一些被拉上岸的船等。

126 从西往东眺望六和塔

前面那张照片是从钱塘江滩涂处拍摄的，而这张照片则是从山腰的之江大学学院校区从西向东拍摄的，视角要高许多。从这张照片中我们可以看到，当时钱塘江江边的情景跟现在有较大的不同：当时还没有钱塘江大桥，也没有建江堤，江边的滩涂很宽，而且连一条像样的道路也没有。江边的码头处建有一个仓库，仓库北面的山坡上，即如今是蔡永祥英雄纪念馆的地方，原来有一座西洋式的高大建筑。

127 从钱塘江中眺望六和塔

这也是一张拍摄六和塔的照片，但是拍摄的地点却转移到了钱塘江的江面上。从南向北看六和塔，可以更加完整地看清该塔的全貌。在江面上还可以看到一个从上游漂下来的木排，木排很长，上面有三个人在操纵它。木排上还竖了一块白帆，可以用它借助风力，增加木排漂流的速度。

128 从钱塘江上眺望之江大学的校园建筑

从六和塔再往西挪一下拍摄的角度，我们便清楚地看到了之江大学的校园及其校园建筑。校园内几个主要的建筑历历在目：前面三个大的建筑从左至右分别是西斋惠德堂（Wheeler and Dusenbury Hall）、主楼慎思堂（Severance Hall）和东斋甘卜堂（Gamble Hall）。第二排两个较小的建筑从左至右分别是中教习住宅楼（Chinese Teachers Residence）和西教习住宅楼（Converse Residence）。最上面那三个别墅从左至右分别是上红房（Southern Presbyterian Residence）、下红房（Rochester Residence）和灰房（North Pacific Residence）。

129 钱塘江上的一艘轻型帆船

再往西，我们就过了之江大学的校区。上面这张照片展示了钱塘江边的山坡、山脚下的低矮农舍，以及钱塘江上一艘普通的帆船。从这张照片中我们可以看清楚钱塘江上帆船的一些主要特点：船身修长，其曲线具有流线型的特征。风帆的桅杆接近于船首，帆布是一块完整的布，上下各有一根杆子将其撑开，桅杆顶上有一个滑轮，可以将风帆拉上去和放下来。靠近船尾处有一个竹棚，船夫可以在里面休息和睡觉。船夫在船尾摇橹，以配合风帆，给船增添动力。在船头和船尾还各有一根小的桅杆，必要时还可以再撑起另外两个小帆。

130　钱塘江上的一条住家船

这张照片中的住家船，其船型跟前面那条船是完全一样的，唯一的区别就在于船的中段部分完全被竹篷所覆盖，这样船夫在船上就得到了更多的私人空间。所以把家安在船上的船民们对于住家船一般都是这么布置的。同样，运送客人的客船也采取这样的做法，以便为旅客们提供更多的休息空间。

131 之江大学的主楼慎思堂

1919年，甘博来到杭州时正好碰上之江大学毕业班的学生们即将毕业和走上社会。为了隆重地举办毕业典礼，一年级的同学们将之江大学的主楼慎思堂的大门用松柏的树枝装饰了起来，在门厅阳台上插了三色国旗，并在门厅的柱子上挂了两副对联：其一为“不敢荒宁，好问则裕；无时懈怠，厥修乃来”，横批是“时雨化之”。其二为“一登龙门，声价十倍；高翙凤羽，翱翔四方”，横批是“恭贺毕业”。

132 甘博的父亲

戴维·甘博（David Gamble）是美国宝洁公司的创始人之一，同时又是一位虔诚的基督徒，所以他热衷于美国传教使团在华的慈善事业，给杭州的之江大学和北京的燕京大学等教会大学分别捐赠了大量的善款。1908年，戴维·甘博带着18岁的儿子西德尼首次前来杭州访问时，正逢育英书院酝酿在钱塘江边的秦望山山坡上购买地皮，以便建立新校区，使学校升格和扩大办学的规模。当时费佩德也正好从宁波调到了杭州的育英书院，并被委任以监理新校区建设的重任。戴维·甘博出手不凡，为育英书院计划中的新校区建设捐赠了盖一座宿舍楼和修建浙江首个大型田径运动场的一笔巨款。

.S.

133 甘博父亲捐赠的之江大学男生宿舍楼

戴维·甘博捐赠的这座楼是最初是男生宿舍楼，因位于校园的东面，所以被称为东斋或“甘卜楼”。如今这座大楼依然存在，其外观也没有发生很大的变化，但是周围的环境却已经完全改变了。它的左右和后面又盖了其他的楼，周围也种了不少的树。楼前不远的地方是一个悬崖，从那儿可以遥望下面的钱塘江和不远处的钱塘江大桥，以及对岸的风景。

134 甘博站在“甘卜楼”门前

这张照片是甘博本人站在“甘卜楼”大门前面的留影。从照片中可以清晰地看到，大门的上方刻有“Gamble Hall”（甘卜楼）字样。随着岁月的流逝，这几个字已经在新中国成立后被抹去，门前的台阶也已经破旧不堪。饮水思源，希望今后的浙大人还能够记得该楼捐赠人的姓名。

GAMBLE
HALL

135 甘博的妻子在之江大学的校园里

这张照片是甘博的妻子坐在轿子里，在“甘卜楼”前面的空地上拍摄的。这种轿子在民国初年是杭州最普遍的交通工具之一。因为当时在西湖边和钱塘江边还没有修通马路，要从城里到之江大学的校区来，只能选择骑马、骑自行车、坐轿子和坐马车。费佩德在监理校园建设期间是每天一大早就骑自行车到杭州火车站，乘火车到闸口的终点站，然后再骑车到校园。

136 甘博父亲捐赠的之江大学运动场之一

戴维·甘博1908年所捐赠的田径运动场实际上也是值得大书特书的，因为它是中国最早按照美国大学校园和奥林匹克标准建造起来的现代运动场之一。2008年北京奥运会召开之前，国内学术界曾经对于中国百年奥运的起源有过一个激烈的争论，浙江大学紫金港校区也曾举办了一个相关题目的回顾展。但是当时谁也没有想到过当年之江大学的这个田径运动场跟中国奥林匹克历史之间的关系。

137 甘博父亲捐赠的之江大学运动场之二

不过这也难怪，因为当初之江大学的运动场后来已经改变了模样。昔日的田径运动场后来铺上了一层“水门汀”，并且被分割成了两半：南面变成了许多个篮球场，北面则成了网球场。而且运动场的周围已经长成了茂密的树林，所以这个场地本身也不像过去那样，可以从校区的高处一览无余了。

138　钱塘江上运送盐卤的一条平底帆船

前面我们看到的那艘钱塘江轻型帆船上的风帆一般只有两根杆子将其撑开，但是在载重量更大的货船上，风帆上却有更多的杆子将其撑住，一般是大帆有十一根，小帆有八根，这是因为货船自身较重，其帆所承受的风力也更强。而且每个帆上还系有绳子，这样船夫就可以随着风向的改变来调节风帆受风的角度。在这张照片中，甘博所拍摄的是钱塘江上一艘运载盐卤到杭州城来的货船。在长途运输过程中，货船的中段都用竹篷覆盖了起来，以便有更多的空间可供船夫们休息，等到了目的地之后要卸货时候才将这些竹篷拿掉。

139 钱塘江上的一条运盐船正在卸货

在这张照片里，前面那一条运盐卤的货船已经停泊在钱塘江码头，正在卸货。它卸货的方式比较独特，所以需要在这儿解释一下。由于盐卤是液体的，所以在运输的过程中是装在船板之下的船舱里的。在卸货的时候，需要把两头水牛拉着一个大木桶的牛车赶到与货船中段平行的地方，船夫先将盐卤舀到船板上的一个小木桶里，然后再通过一根管子将盐卤导入那个大木桶里。由于整个过程必须在浅水区完成，所以只有强壮和熟悉水性的水牛才能够胜任这个卸货的艰巨任务。

140　运盐船卸货完毕

当大木桶被盐卤装满之后，水桶的盖子就会马上被盖上。然后赶牛车的车夫便站在大木桶的盖子上，拉起驾驭牛车的缰绳。这时，运载那个大木桶的牛车就开始在水中慢慢地启动了。

141 牛车将盐卤桶运到岸上

四轮牛车启动之后，水牛、牛车和装盐卤的大木桶实际上还大部分都沉没在水中。但随着车夫的大声吆喝，那两头水牛迈着坚实的步伐，缓慢而稳重地将运载着盐卤桶的四轮牛车顺利地从浅水中拉到了江边的滩涂上。

142 拉车的水牛们在池塘中歇息

对于钱塘江的江边码头来说，那些拉四轮牛车的水牛们是装货和卸货时必不可少的劳动力。所以人们对于那些从事强负荷劳动的水牛们照料有加。尤其是在烈日炎炎的盛夏，每逢工作的间隙，车夫们就会把那些水牛赶到附近的一个池塘里，让它们在那儿安静地歇息。在甘博的这张照片里，我们可以看到四头这样的水牛在水中歇息。

143 另一头在池塘里歇息的水牛

水牛之所以喜欢泡在池塘里，主要有以下这两个原因：首先是水牛的皮很厚，汗腺不发达，所以在炎热的夏天主要靠水来冷却它们的身体；其次是水牛熟悉水性，泡在水里的时候，它们的身体各部分肌肉可以得到充分的放松，这样很有利于它们迅速恢复体力，以便继续从事繁重的体力劳动。

144 两头正在运货的水牛

甘博显然对于钱塘江边拉四轮牛车的水牛很感兴趣，毕竟这些水牛在美国或华北是很少能够看到的。在他拍摄钱塘江的照片里，我们经常可以看见这些水牛的身影。这一点正好跟费佩德有相似之处，他也拍摄了不少钱塘江边运货水牛的照片。

145 给帆船拉货的水牛车之一

钱塘江的潮水涨落很大，所以江边一般都有大片的滩涂。由于这些滩涂十分泥泞，人在上面行走非常困难。所以江边码头的货物装卸一般都不是靠人工，而是用水牛和坚固的四轮牛车把旅客和货物从码头运送到船上去的。

146 给帆船拉货的水牛车之二

在一般情况下，钱塘江边的四轮牛车用两头水牛来拉就足够了。但是在运送重量比较大的货物时，有时也需要三头，甚至四头牛来拉车。在上面这张照片里，我们便可以看到一个用三头牛来拉一辆牛车的特例。

147 钱塘江上的一条轻型运货船

前面我们所看到的那艘运送盐卤的货船是一艘大型船，这张照片所表现的是钱塘江上的一艘轻型运货船。它的形状和大小跟前面我们见过的那种住家船或客船较为相似，主要区别就在于帆的式样。

148 **钱塘江上两条轻型货船齐头并进**

大货船适合于长途运输，而轻型货船则更适合于短途运输。这种轻型的货船在钱塘江上也颇为常见。甘博的这张照片表现了两艘轻型货船齐头并进，在江中逆流而上的一个画面。这两条船一前一后，帆的色彩一深一浅，画面构图生动而又巧妙。

149 钱塘江的一个拐角处

这张照片表现的是钱塘江的一个拐角之处。钱塘江连同其上游的新安江和兰江，其全程弯弯曲曲，呈之字形，所以它也被称作之江。请注意，在钱塘江的这个拐角之处我们可以看见众多的大小船只扬帆疾行，相互追逐，呈现出一幅万舸争流、欣欣向荣的景象。

150 钱塘江上另一个带帆的木排

这张照片所拍摄的是钱塘江上游漂流下来的另一个大型木排。木排上可以看见两张助力的风帆，还可以看见木排前端的另一根桅杆，那儿随时可以升起第三张帆。但此时木排是静止的，帆都处于不受风的角度。木排的周围还停着三艘小船，第四艘小船正从江边出发，向木排划去。也许木排上的人正在补充食品和其他给养。

151　杭州郊区一户农家的成员在院子里劈柴

前面我们已经看过了一张有关杭州城里劈柴店的照片，而甘博在上面这张照片中所表现的显然是在杭州郊区一个农户家的院子里人们劈柴的情景。照片中的房屋式样是一座典型的两层农舍，有可以拆卸的门板和双保险的门闩等等，均带有浓郁的地方色彩。在农村里，人们劈柴的方式也不如劈柴店里的伙计们那么专业，无论是木柴，还是树枝，全部劈完后都乱七八糟地堆在一起，以便烧饭时用。比较整齐的木柴则码放在屋檐下，以便日后再用。

152 杭州郊区两个捡柴的孩子

作为一名社会学家，甘博最关心的还是社会各阶层的人民。这张照片表现的是杭州郊区的两名儿童正在把他俩捡到的柴火抬回家去。“穷人的孩子早当家”——从孩子的身高来判断，他俩最多也不过四五岁吧，可是他们已经自觉承担起了减轻家庭负担的责任。这两名儿童的衣服、帽子和鞋子都具有浓郁的时代和地方特色。

153 杭州灵隐回龙桥上的春淙亭

这张照片读者可能看起来比较眼熟，因为费佩德也在这同一个角度拍过灵隐回龙桥和春淙亭。但是把两者比较一下的话，也是有区别的。费佩德拍摄的时间可能是在夏天，树叶显得更加茂密，但是桥下的溪水却已经干涸了。甘博的照片拍到了从桥洞下流过的清澈溪水，使整个画面显得更加轻灵和生动。

154　杭州灵隐的冷泉亭

杭州灵隐的冷泉亭，因其历史悠久和跟众多的文人逸事相关，是人们争相拍摄的一个景点。费佩德也曾在这儿拍过一张颇为经典的照片。但是费佩德的照片是在冬天拍摄的，冷泉亭的屋檐上堆满了白雪；而甘博的照片是在1919年的10月拍摄的，画面显得比较干净。费佩德的照片是竖着的，而甘博拍的则是横幅照片。两者表现了同一景点在不同季节里的特定景色。

155 杭州灵隐寺的和尚们

跟费佩德一样，甘博对于具有中国特色的佛寺和道观都具有浓厚的兴趣。他在杭州访问期间，拍摄了一组表现灵隐寺、天竺寺和玉皇山顶福星观的照片。在这张照片中，他拍摄到了灵隐寺三位服饰各异的和尚正匆匆赶往大殿的途中。这三位和尚都身穿袈裟，但是第一个和尚带着一顶平天冠，第二个和尚带着风帽，而第三个和尚则光着头。这是甘博所抓拍到的一个绝妙镜头。

156 杭州灵隐寺领诵佛经的和尚之一

灵隐寺的和尚在念经或做水陆道场的时候，通常有住持或资深的僧人做领诵者。在甘博拍摄灵隐寺的照片中就有两张是专门表现领诵者的。这两位领诵者分别坐在大雄宝殿“三世如来”像左右两端搭起来的一个木制台上，他们的桌前有用绸缎装饰起来的一个门面，上面饰有龙凤、蝙蝠等表示吉祥的图案。这张照片所表现的是坐在右端的那位领诵者，他身穿袈裟，但是光着头，面前摆有已经展开的经卷，似乎正在念经。他的前面点着一支香，两边的玻璃灯罩里点着蜡烛，旁边有一只倒扣着的茶碗。

157 杭州灵隐寺领诵佛经的和尚之二

这张照片所表现的是坐在“三世如来”左端的那位领诵者。他也身穿袈裟，但是跟前面那位领诵者不同的是，他头上戴着风帽，捂得严严实实的，脸上还架着一副老式眼镜，似乎是近视眼。他的前面也点着一支香，左右分别点着一根蜡烛，桌上也倒扣着一只茶碗。（见186页）

158 杭州灵隐寺正在做法事的和尚

这张照片表现了一位和尚正在做法事的场面。所谓做法事，就是指纪念死者的一种民间宗教仪式。照片中的和尚用一匹三色的宽布条搭出了一座桥的模样，寓意在阴间和阳间搭起一座桥梁，以便让死者的灵魂能够从阴曹地府再次回到人间，跟自己的后代家人重新团聚。在照片上我们可以看到，屋内搭有一个祭台，门口挂着灯笼和许多写有字的条幅，可惜字迹太小，难以辨认。

159 灵隐寺一位高僧的灵堂

这张照片所表现的是灵隐寺一位高僧的灵堂，这从照片最右面的那个条幅内容便可推测：“顿失名僧湖山减色”。灵堂里有一个祭台，置于灵位中央的是一个青瓷的容器，也许那里面盛放着高僧的骨灰。灵位两边挂满了祭奠死者的条幅对联，其中有一个条幅上可以隐约读出下列字样：“……第三代先师昔徵珠祖老和尚之灵”。由此我们可以断定这就是1917年圆寂的灵隐寺住持昔征和尚的灵堂。

160 灵隐寺大雄宝殿内为香客们准备的桌椅

这张照片表现的是一位前来烧香的老太太正站在一个大殿内的桌子旁边整理烧香拜佛用的蜡烛和梵香。大殿门外的石塔表明这个殿堂就是灵隐寺的大雄宝殿。令我们感到惊奇的是当时灵隐寺接待外地香客们的方式颇为人性化，甚至还在大雄宝殿里摆放了桌椅，以供香客们休息。老太太身边有一个小姑娘，可能是她的孙女，桌上还摆放着两个食篮。

161 位于山坳里的天竺寺

灵隐寺与附近的天竺三寺共同组成了闻名遐迩的天竺佛教景区，即西湖香市的核心景区。甘博的这张照片表现了建在山坳里的天竺一寺院中轴线上的建筑，即天王殿、大雄宝殿和后殿。但是天竺上、中、下三寺在过去的百年中经历了太多的变化，以至于现在的寺院已经面目全非。当我们把这张照片拿给天竺寺的和尚们看时，他们已经辨别不出这个地方所在。

162　杭州天竺寺的院墙外面

这是天竺寺的另外一张照片，甘博是从天竺寺的院墙外面拍摄大雄宝殿的一角。同样，当我们把这张照片拿给天竺寺的僧人们辨认时，谁也不能够确定这究竟是在哪个地方。这说明天竺寺的寺院已经发生了很大的变化。

163 杭州福星观的香炉和前院

杭州的福星观是一个具有千年历史的道观，位于玉皇山的山顶，是人们每年正月初八给玉皇大帝祝寿的地方。它与葛岭南面山腰中的“抱朴道院”和葛岭北麓的“黄龙洞道院”并列为杭州西湖边最著名的三大道院。但就拥有道士人数而言，福星观也许可以被称作是民国初年杭州最大的一个道观。费佩德也曾经到这儿来拍过照片。此照片表现的是福星观内第一个院落中的大香炉。

164 杭州福星观的道士们之一

甘博于1917年来到杭州时已经是冬季，所以照片中福星观的道士们都穿着冬装。典型的道士冬装就像上面这张照片所示，包括道帽、棉道袍、白布厚袜子和棉鞋。从照片所反映的情况来判断，福星观内当时道士的人数很多，既有年纪大的，也有年纪轻的。

165 杭州福星观的道士们之二

福星观的道士们崇尚天人合一的生活方式。每天清晨的卯时（5—7点），道士要诵读《功课经》的早课，此时正值东方日出，阳气上升，在玉皇山顶可以吸入清新的空气；傍晚的酉时（17—19点）还要念《功课经》的晚课，此时呼出浊气，既可消灾解厄，又有益于健康。道士们还要每天练习气功和太极拳，以修身养性。另外，琴棋书画也是道士们业余时间最常见的陶冶情操方式，所以照片中的这几位道士尽管年纪很大，但是都显得相当健康和睿智。

166 杭州福星观的道士们之三

道士们每天诵读的《功课经》中包括《清静经》、《护命经》、《玉皇心印妙经》、《禳灾度厄真经》、《救苦妙经》、《解冤拔罪妙经》、《忏悔文》、《太清诰》、《关帝诰》、《吕祖诰》、《邱祖诰》、《十二愿》等众多的经文。要将这么多的经文熟记在心，并非易事，须时常静心研习。照片中的这位老道士一边晒太阳，一边还在喃喃自语地背诵经文。

167 玉皇山山腰上的一个凉亭

玉皇山之所以能够成为道教的一个根据地，一部分原因是因为它占据了一个非常有利的地形。玉皇山南面是奔腾向东的钱塘江，北面则可俯瞰整个美丽的西湖，东面连接曾经作为南宋皇宫所在地的凤凰山，西面则跟青龙山、南高峰、白鹤峰、虎跑后山等遥相对应。在玉皇山西面半山腰的这个凉亭里，人们可以将西湖美景尽揽眼底。

168　杭州一个朝阳山坡上的坟墓群

按照风水的理论，最理想的墓地应该选择坐北朝南、能看得见水的朝阳山坡。所谓“前有照，后有靠”，意思就是说墓地的前面一定要有水，后面一定要有山作为依靠，阴宅建在这样的地方，能享受充足的阳光和地气的感应，既可以避免死者在阴间受罪，还可以荫益子孙后代。这就是为什么过去有许多名人都把自己的坟墓修建在西湖周围的朝阳山坡上。

169 杭州一个寺庙里的弥勒佛

弥勒佛是佛教寺庙中最常见的一个菩萨。这位心宽体胖、笑口常开的菩萨形象的原型实际上是五代时期浙江地区的一位布袋和尚，布袋和尚于公元916年在奉化的岳林寺圆寂。它通常的位置是在佛寺前殿（即天王殿）的大门进口处，所有来寺庙祭拜的香客和信众都会首先受到他的欢迎。这张照片中的弥勒佛究竟来自哪一个寺庙尚待考证，因为它如今已经不复存在。

170 杭州烟霞洞石窟造像之一

杭州西湖周围的群山中有不少洞穴里都留下了石雕佛像，其中烟霞洞的石窟群像堪称是其中的佼佼者。这张照片中的雕像也是弥勒佛，但是它的独特之处就在于其胸口还有另一个弥勒佛的面相，寓意这位面慈心善的菩萨，其微笑和善意是发自他内心的。

171 杭州烟霞洞石窟造像之二

这是烟霞洞石窟造像中的另一尊石雕像，是一位正在乞讨的罗汉，左手托着一个钵头，右手扬起，手掌中有一块刚乞讨来的月饼。该罗汉的耳垂很长，脸部表情丰富，身体微微扭曲，脚踵外翻，颇具动感。如果将老照片跟现存的石雕像做一个仔细的比较，就可以发现两者之间有许多细微差异，说明现存者是后人模仿的作品，原作已经不存。

172　杭州石屋洞内的塑像

杭州满觉陇以北石屋岭下的石屋洞也是一个藏龙卧虎之地。自五代后晋以来洞内开凿佛像，以洞壁遍凿五百一十六个罗汉而著称。1925年美国东亚艺术史家马尔智来杭州度蜜月时，发现那儿的罗汉像已经接近一千个了。但可惜的是，后来洞内原有的石像尽数被毁。尽管1995年由海外华人捐款和杭州市政府出资对洞内的石刻罗汉进行了修复，但新刻的石像与原来的很不相同，更凸显了甘博于1917年所拍摄石屋洞内精美石像的老照片的珍贵价值。有趣的是，照片最左边直立佛像的装束独特，颇似21世纪的宇航员造型。

173 杭州石屋洞的五百十六罗汉浮雕像

从上面这个特写镜头来看，原来石屋洞里的罗汉浮雕像刀法纯熟，形象生动逼真，具有很高的艺术价值，使新刻的罗汉浮雕像相形见绌。它们的被毁对于杭州地方文化来说，确实是一个重大的损失。

174 杭州的费佩德寓所

照片中的这幢三层西式洋楼是甘博好朋友费佩德在杭州仁和路11号的寓所，在民国初年它是杭州内城的一个标志性建筑，因为周围的房屋都不及它高，所以格外显眼。甘博来杭州访问时就住在费佩德的家里，他还从三楼西面的窗户处拍摄过湖滨、西湖和葛岭的照片。

175 在杭州的费佩德夫妇

费佩德的第一任夫人原名艾达·克洛斯（Isa Kloss），生性活泼，爱好文学和艺术。1902年嫁给费佩德并随他来到中国之后，便放弃了她在美国原本熟悉和喜爱的生活方式，成了丈夫在中国的贤内助。她和费佩德先后生过六个孩子，其中有两个夭折。最小的女儿珍妮特受她的影响和熏陶较深，最后成了一位知名的画家。这是甘博1919年来杭州时为费佩德夫妇所拍摄的一张照片。

图书在版编目（CIP）数据

西湖百象：美国传教士甘博民国初年拍摄的杭州老照片/沈弘著.—济南：山东人民出版社，2010.8(2017.1 重印)
ISBN 978-7-209-05407-2

Ⅰ.①西… Ⅱ.①沈… Ⅲ.①西湖—史料—近代—图集 Ⅳ.①K928.43-64

中国版本图书馆 CIP 数据核字(2010)第 134282 号

责任编辑：常纪栋
装帧设计：张晓曦

西湖百象——美国传教士甘博民国初年拍摄的杭州老照片
沈弘 著

山东出版传媒股份有限公司
山东人民出版社出版发行
社 址：济南市经九路胜利大街 39 号 邮 编：250001
网 址：http://www.sd-book.com.cn
发行部：(0531)82098027 82098028
新华书店经销
山东临沂新华印刷物流集团印装

规 格 16 开(169mm×239mm)
印 张 13.75
字 数 30 千字
版 次 2010 年 8 月第 1 版
印 次 2017 年 1 月第 2 次
ISBN 978-7-209-05407-2
定 价 30.00 元

如有印装质量问题，请与印刷单位联系调换。 电话：(0539)2925659